# 本当はわかっていないキリスト教

御多福 安里
OTAFUKU Anri

文芸社

# まえがき

日本の社会はいつから混迷の時代といわれるようになったのでしょうか。一億火の玉となって戦争に立ち向かっていった時代は、「勝つため」という目標で一致していたでしょうから、迷っている暇はなかったでしょう。戦後は戦後で、焦土と化して何もなくなった暮らしの中で、生きる必要を満たすために必死だったのではないでしょうか。その結果、日本は疑うべくもなく、豊かになりました。

今日の様子はまた少し異なってきているように見えます。以前のように浮かれているほどの経済的余裕は見られなくなってきました。国の借金は増えるばかりです。けれども浮かれた生活態度は変化させることがなかなか難しいようです。ぜいたくでおいしい食事やお店の紹介は今も花盛りです。食べたいものをお腹いっぱい食べ、余りものがこれまたいっぱい捨てられているという現実があります。

それとともに、隆盛しているのがファッションの世界です。わたくしも会合に出掛けるときと、田畑仕事をするときが同じ服装でよいとは思いません。しかし今日は、あまりにも服装をとっかえひっかえしすぎなのではないでしょうか。

マザー・テレサの宣教団の人たちは、自分の持ちものはサリー数枚と洗濯するためのバケツ一個だと聞きました。「それはマザー・テレサはシスターだからであって、わたしたちは一般人です」と言われそうです。今日盛んに、断捨離《だんしゃり》、という言葉も飛び交うところとなりました。

さて、わたしが思いますのに、人々が豊かになった頃から、世の中には怪事件が次々と起こるところとなり、人々が暴走したり、迷走したりするようになったのではないでしょうか。食べることが満たされ、着ることにも飽きて、心を何かに向けることができた人はよし、できない人やとんでもないことに心を向けてしまうことになった人は、不幸と言わなければならないでしょう。

イエス・キリストに、「何を食べ、何を着んとて思い煩うな」という言葉があります。「人はパンのみにて生くるにあらず」という言葉もあります。

これらはもっとほかに大切なものがあるよ、ということを示した言葉と受け取っています。衣食住が満たされるようになった後に報道される事件は、どう考えても人心の乱れ、不満、荒廃、迷走の類から生じるものとしか考えられません。

経済的な豊かさはみなの学歴を向上させ、知識を増し、科学や技術も向上させました。しかし、豊かさを求めた能率主義は人情を廃れさせ、礼儀作法や公共のマナーを置き去りにし、社会性の希薄な利己主義をはびこらせ、傍若無人がまかり通る社会にしてしまったのではないでしょうか。

人の命の値打ちは薄っぺらなものとなり、いとも簡単に命を捨てたり、奪ったり、奪われたりするところとなりました。夫は妻を、妻は夫を勝手な事情で捨て、離別したり、殺したりする事件も起きています。親は子を、子は親を虐待し、餓死させたりするという事件もあります。

どれもこれも、自分のことだけで、相手への思いやりがありません。自分の事情の押しつけだけがあって、相手側への配慮が欠落しています。みな自分を生かすだけになって、情緒や想像力に欠けるようになり、他人の気持ちや心の機微に疎く、他人との関わりを避ける社会になってしまいました。

こうした愛のない社会では、誰もかれもが愛を求めながら、満たされることはありません。みな、愛のない人たちだからです。かつて日本を訪れたマザー・テレサは、この点を指摘しました。物質的・経済的に豊かであっても、心が貧しかったら、本当に幸せだと言えるでしょうか、と。

人の知恵は様々なものを生み出し、暮らしを便利にしてきました。けれども一方で、その知恵はそれを悪用する犯罪も生み出しています。

ここでは人の知恵から生み出されるものとはひと味違った、神の知恵というものに触れてみてはいかがでしょうか。「何よりもまず、神の国と神の義とを求めなさい」（マタイによる福音書六章三三節）とイエスは言いました。一時期、日本人はみな中流階級といわれていましたが、その時代も去り、グローバルな世界経済の中で、再び、富める者と貧しい者との格差が広がってきています。

富める者はますます富み、貧しい者はますます貧しくなり、強い者はさらに強く、弱い者はさらに弱くなるような社会となるなら、わたしは次の言葉を送りたいのです。

「谷はすべて埋められ、山と丘はみな低くされる。曲がった道はまっすぐに、でこぼこの道は平らになり、人は皆、神の救いを仰ぎ見る。」（ルカによる福音書三章五〜六節、元はイザヤ書四〇章）

## まえがき

この本は聖書やキリスト教になじみのない人々が少しでも関心を寄せ、生きよどんだときの希望の入り口となってくれればと思って書かれています。聖書の言葉には力がありまます。また、聖書をお持ちでない方でも読めるように、できるだけ根拠となり、参考となるような聖書の箇所を載せました。

なお、本書では特別な表示のない場合は、聖書の文言は日本聖書協会発行の新共同訳聖書から引用しています。また、引用箇所の中の（　）は筆者が加えた注釈である場合があります。それから引用した文章の中の太字部分とルビは筆者によるものです。

本当はわかっていないキリスト教◎目次

# 第１章

# 人がわからない

「人間とは何なのか。なぜあなたはこれを大いなるものとし、これに心を向けられるのか。朝ごとに訪れて確かめ、絶え間なく調べられる。いつまでもわたしから目をそらされない。唾を飲み込む間すらも、ほうっておいてはくださらない。人を見張っている方よ、わたしが過ちを犯したとしても、あなたにとってそれが何だというのでしょう。なぜ、わたしに狙いを定められるのですか。なぜ、わたしを負担とされるのですか。」（ヨブ記七章一七～二〇節）

「あなたの天を、あなたの指の業《わざ》を、わたしは仰ぎます。月も、星も、あなたが配置なさったもの。そのあなたが御心に留めてくださるとは人間は何ものなのでしょう。人の子は何ものなのでしょう、あなたが顧みてくださるとは。」（詩編八編四～五節）

「主よ、人間とは何ものなのでしょう。あなたがこれに親しまれるとは。人の子とは何ものなのでしょう、あなたが思いやってくださるとは。」（詩編一四四編三節）

# 一、人は神に創られた

聖書の創世記には人が造られたさまが手短に記されています。

はじめに天地を創造された神は、一日目に光と闇を、二日目に空と水を、三日目に陸と海、草、樹を、四日目に太陽、月、星を、五日目と六日目に様々な生きものを創造されました。そしてその最後に、「人」が創造されたと書かれています。

「神は言われた。『我々にかたどり、我々に似せて、人を造ろう。そして海の魚、空の鳥、家畜、地の獣、地を這うものすべてを支配させよう』神は御自分にかたどって人を創造された。神にかたどって創造された。」（創世記一章二六節、二七節前半）

この短い記述の中に、あなたは人の何を識《し》り得るでしょうか？　神と人とは似ている、ということではないでしょうか。

けれど、ここで間違ってはいけないのは、神と人とは「似ている」、人は神を「かたどって造られた」とは書いてあっても、「同じだ」とは決して書かれていないことです。あなたは気づかれましたか？　神は造った御方《おかた》、人はその神に造られた者だということです。神は創造者であり、人は被造物なのです。

わたしは時々次のように思うのです。神様はなぜ人をこのようなやっかいなものに造ったのだろうと。これではよほど賢くないと、自分を神のように想い、わがままに振る舞ってしまう、と。

その証拠にすべての生きものは、人が支配できる存在ではありませんか。支配する権利を与えられたと書いてある通りに。

海の魚はこの「人」の支配権によって、ある種は絶滅の危機に瀕し、あるいは絶滅の恐れを免れています。空の鳥、家畜、地の獣、地を這うものも、しかりです。

身近なところで言うと、最近よく取り沙汰されているペットの問題などに、まずい支配の適用例を見る思いがします。草木に関しても同じです。

木は黙って人に切られますが、「いくらでも人の好き勝手にするならば、地球環境に重大な影響を及ぼしますよ。あなた自身の首を絞めることになりますよ」とは言ってくれません。

「被造物は虚無に服していますが、それは、自分の意志によるものではなく、服従させた方の意志によるものであり、同時に希望も持っています。つまり、被造物も、いつか滅びへの隷属から解放されて、神の子供たちの栄光に輝く自由にあずかれるからです。被造物がすべて今日まで、共にうめき、共に産みの苦しみを味わっていることを、わたしたちは知っています。」（ローマの信徒への手紙八章二〇〜二二節）

さて、あなたは自分が創造されたものであるということを、どのようなところで感じられるでしょうか？　そんなことを尋ねるのは暇な人だと言われるかもしれません。ですが、この意識、この感覚というものを持つということは非常に重要な鍵を含んでいる気がしてなりません。

わたしが「もしかして、わたしは造られたのかしら」と思った例は、わが身が自分の思いとは異なると感じたときです。後には異なった感慨を抱くようになりましたが、「もっと金持ちの家に生まれたかった。もっと立派な家の……もっと立派な親の……もっと顔立ちが良くて……もっとスタイルが良くて……こんな田舎の出自じゃなくて……」などと思ったときだったのです。でも、わたしは自分の生まれた境遇や時代をどうすることもできませんでした。

わたしにはそのような、わたしが望んだことが与えられませんでした。わたしが神だったら、そこまで思いのままにできたはずです。いや、何でも思いのままにできるはずです。でも現実のわたしは自分の環境を変えるすべもなく、様々な制限を受け、不自由をかこっていました。

また神は無から有を創造された、とあります。人が神だったら、無から有を創造することもできるはずです。

ある人は思うかもしれません。神様が造らなかったものを人は作ったではないか、と。数多くの電気製品しかり、科学による製品、化学薬品（サリンやVXガスもそうですよね）、合成物、わたしの知らないそれぞれの分野で、今も新たな発明が日々なされていることでしょう。

でもこれは本当に、無から有を創造された神の創造と同じものなのでしょうか。否、決して同じものではありません。

わたしたちの作ったものは、いくら今まで見たことのないようなものであっても、すでに存在したものから産み出されたものです。いうなれば、すでにあったものから別のものに作り替えた、というべきものです。

「見よ、これこそ新しい、と言ってみても、それもまた、永遠の昔からあり、この時代の前にもあった。」（コヘレトの言葉一章一〇節）

さらに、人のつくられたさまは次のように描かれています。

「主なる神は、土（アダマ）の塵《ちり》で人（アダム）を形づくり、その鼻に命の息を吹き入れられた。人はこうして生きる者となった。」（創世記二章七節）

土から人が生まれるところを知っている人はいないでしょう。しかし命の息を失った人間がやがては朽ちて土となることはご存じの通りです。

「お前は顔に汗を流してパンを得る、土に返るときまで。お前がそこから取られた土に。

塵にすぎないお前は塵に返る。」（創世記三章一九節）

そして、またこの箇所から、命が神から来るものであることもわかるのです。命を得て、人は生きるものとなるのです。あなたは今、生きている、という実感にしっかりと支えられているでしょうか？

わたくしごとで恐縮ですが、わたしは誕生して以来、長い間この「生の実感」が感じられなくて悩みました。まるで自分は生けるしかばねのように思えていたのです。生きる張り合い、生きる意欲がまるで湧かなくて悩んでいたのです。

実に、「土」の部分だけで生きていたのでしょうか？「人の生くるはパンのみに由るにあらず」（文語訳、マタイ伝福音書、ルカ伝福音書、ともに四章四節）とありますが、パンだけで生きていたのではないだろうか、と思うのです。

なぜ、神は人を顧《かえり》みられるのでしょう？　なぜ、神は人を御心に留められるのでしょう？

しばらくは聖書の描写を頼りに、人のありさまというものに迫ってみようと思います。

## 二、人は失われた羊にたとえられる

聖書では、人間がよく羊にたとえられていることをお伝えしようと思います。なぜ羊にたとえられているのか、というと、大まかに二つの理由が挙げられるのではないかと思います。

その一つは、この聖書が舞台としているパレスチナの地理的風土によるものです。そこは多くが高地で、作物が育ちにくく、羊の放牧が生業でした。そのため羊は身近でなじみのあるものだったのです。しかも羊は、重要な財産としての家畜でした。

これは、わたくしたちの住む日本の風土とは異なっている点かもしれません。

そしてもう一つは、羊という動物があまり目が見えず、大変迷いやすい性質を持った動物だということです。たとえば自分の周りの草を食べているうちに、いつの間にか、危険なところに近づいていたり、他の羊たちと遠く離れてしまったりするそうです。

考えてみれば、人もそんなものなのではないでしょうか。場所に関しても時間に関しても、今いる自分の周りだけがボーッと見えているぐらいのはなはだ頼りない存在なのではないでしょうか。

羊が迷いやすい動物であるため、羊の群れの中に山羊を混ぜておくという話を聞いたことがあります。そうしますと狼などが襲ってきたとき、冷静沈着な山羊は安全な方へ逃げ、それに羊が続くから、というのです。

これらを念頭に置いておくことは、聖書の理解をいっそう、いえ飛躍的に促進させてくれるでしょう。イエスもまた、律法を踏まえて羊や羊飼いに因んだ多くのたとえ話を用いて、創造主の御意《みこころ》を伝えようとされています。

「そこで王が彼に、『何度誓わせたら、お前は主の名によって真実だけをわたしに告げるようになるのか』と言うと、彼は答えた。『**イスラエル人が皆、羊飼いのいない羊のように山々に散っているのをわたしは見ました。**主は、「彼らには主人がいない。彼らをそれぞれ自分の家に無事に帰らせよ」と言われました。』」（列王記上二二章一六～一七節、歴代誌下一八章一五～一六節、太字は筆者による。以下同様）

また、詩編には「あなたはモーセとアロンの手をとおして、**羊の群れのように御自分の**

**民を導かれました。**」（詩編七七編二一節）、「**神は御自分の民を羊のように導き出し、**荒れ野で家畜の群れのように導かれた。」（詩編七八編五二節）、「全地よ、主に向かって喜びの叫びをあげよ。喜び祝い、主に仕え、喜び歌って御前に進み出よ。知れ、主こそ神であると。主はわたしたちを造られた。わたしたちは主のもの、その民、**主に養われる羊の群れ。**感謝の歌をうたって主の門に進み、賛美の歌をうたって主の庭に入れ。感謝をささげ、御名をたたえよ。主は恵み深く、慈しみはとこしえに、主の真実は代々に及ぶ。」（詩編一〇〇編一～五節）、「**わたしが小羊のように失われ、迷うとき、どうかあなたの僕《しもべ》を探してください。**あなたの戒めをわたしは決して忘れません。」（詩編一一九編一七六節）といった箇所があります。

　またイエス・キリストの出現を予言したといわれるイザヤ書にも、次のような箇所があります。「**わたしたちは羊の群れ、道を誤り、それぞれの方角に向かって行った。**そのわたしたちの罪をすべて、主は彼に負わせられた。」（イザヤ書五三章六節）

　また、「**わが民は迷える羊の群れ。羊飼いたちが彼らを迷わせ、山の中を行き巡らせた。**彼らは山から丘へと歩き回り、自分の憩う場所を忘れた。彼らを見つける者は、彼らを食らった。敵は言った。『我々に罪はない。彼らが、まことの牧場《まきば》である主に、先祖の希望であった主に罪を犯したからだ』と。」（エレミヤ書五〇章六～七節）という箇所で人が羊にたとえられています。

「彼らは飼う者がいないので**散らされ**、あらゆる野の**獣の餌食《えじき》となり**、**ちりぢりになった**。**わたしの群れは**、すべての山、すべての高い丘の上で**迷う**。また、わたしの群れは地の全面に散らされ、だれひとり、探す者もなく、尋ね求める者もない。それゆえ、牧者たちよ。主の言葉を聞け。」

「まことに、主なる神はこう言われる。見よ、わたしは自ら自分の群れを探し出し、彼らの世話をする。牧者が、**自分の羊がちりぢりになっているときに**、**その群れを探すように**、**わたしは自分の羊を探す**。わたしは雲と密雲の日に散らされた群れを、すべての場所から救い出す。わたしは彼らを諸国の民の中から連れ出し、諸国から集めて彼らの土地に導く。わたしはイスラエルの山々、谷間、また居住地で彼らを養う。わたしは良い牧草地で彼らを養う。イスラエルの高い山々は彼らの牧場となる。彼らはイスラエルの山々で憩い、良い牧場と肥沃な牧草地で養われる。わたしがわたしの群れを養い、憩わせる、と主なる神は言われる。わたしは**失われたものを尋ね求め**、**追われたものを連れ戻し**、**傷つい**

**たものを包み、弱ったもの**を強くする。しかし、肥えたものと強いものを滅ぼす。わたしは公平をもって彼らを養う。」（エゼキエル書三四章五〜七、一一〜一六節）

このように、多くの箇所で人は羊にたとえられています。

新約聖書のマタイ伝には、次のような箇所があります。

「イエスは町や村を残らず回って、会堂で教え、御国の福音を宣べ伝え、ありとあらゆる病気や患いをいやされた。また、群衆が**飼い主のいない羊のように弱り果て、打ちひしがれている**のを見て、深く憐れまれた。」（マタイによる福音書九章三五〜三六節）

これらによって、人が羊にたとえられていること、また、その造られた主なる神から離れ、めいめい自分勝手に己の欲の道に迷走していると描写されていることがわかるでしょう。このことによって、イエスの言われたことも、またいっそうおわかりになることと思います。イエスは次のようなたとえ話をされています。

「あなたがたはどう思うか。ある人が羊を百匹持っていて、その一匹が**迷い出た**とすれば、九十九匹を山に残しておいて、**迷い出た**一匹を捜しに行かないだろうか。はっきり言っておくが、もし、それを見つけたら、迷わずにいた九十九匹より、その一匹のことを喜ぶだろう。そのように、これらの小さな者が一人でも**滅びる**ことは、あなたがたの天の父の御心ではない。」（マタイによる福音書一八章一二〜一四節）

ここでは人々が神の御許《みもと》から離れ、自分勝手な道を行って、迷ってしまっていることが示唆されています。こうして滅んでいくことを神は望み給わず、そこから救い出したいとされているというのです。

そして、イエスは次のような話もされたのです。

「『はっきり言っておく。羊の囲いに入るのに、門を通らないでほかの所を乗り越えて来る者は、盗人《ぬすびと》であり、強盗である。門から入る者が羊飼いである。門番は羊飼いには門を開き、羊はその声を聞き分ける。羊飼いは自分の羊の名を呼んで連れ出す。自分の羊をすべて連れ出すと、先頭に立って行く。羊はその声を知っているので、ついて行く。しかし、ほかの者には決してついて行かず、逃げ去る。ほかの者たちの声を知らないからである。』

イエスは、このたとえをファリサイ派の人々に話されたが、彼らはその話が何のことか分からなかった。イエスはまた言われた。『はっきり言っておく。わたしは羊の門である。わたしより前に来た者は皆、盗人であり、強盗である。しかし、羊は彼らの言うことを聞かなかった。わたしは門である。わたしを通って入る者は救われる。その人は、門を出入りして牧草を見つける。盗人が来るのは、盗んだり、屠《ほふ》ったり、滅ぼしたりするためにほかならない。わたしが来たのは、羊が命を受けるため、しかも豊かに受けるためである。わたしは良い羊飼いである。良い羊飼いは羊のために命を捨てる。羊飼いでなく、自分の羊を持たない雇い人は、狼が来るのを見ると、羊を置き去りにして逃げる。――狼は羊を奪い、また追い散らす。――彼は雇い人で、羊のことを心にかけていないからである。わたしは良い羊飼いである。わたしは自分の羊を知っており、羊もわたしを知っている。それは、父がわたしを知っておられ、わたしが父を知っているのと同じである。わたしは羊のために命を捨てる。わたしには、この囲いに入っていないほかの羊もいる。その羊をも導かなければならない。その羊もわたしの声を聞き分ける。こうして、羊は一人の羊飼いに導かれ、一つの群れになる。わたしは命を、再び受けるために、捨てる。それゆえ、父はわたしを愛してくださる。だれもわたしから命を奪い取ることはできない。わたしは自分でそれを捨てる。わたしは命を捨てることもでき、それを再び受けることもできる。これは、わたしが父から受けた掟《おきて》である。』」（ヨハネによる福音書一〇章一～一八節）

これらの言葉を神の世界から断絶し、神の御意《みこころ》に精通していない我々（神の法より、自分の法で生きていて、神の世界から切り離されている）が聞いて、あるいは読んでわかるというのは、容易なことではありません。ですから、律法の専門家であったファリサイ（パリサイ）派の人々でさえ、何のことかわからなかったのです。マタイによる福音書二三章で、ファリサイ派の人々は、イエスに厳しく非難されています。

すぐ次の箇所に「この話をめぐって、ユダヤ人たちの間にまた対立が生じた。」（ヨハネによる福音書一〇章一九節）とあるのはそのことを言っています。ただ、父なる神と直結していたイエスは当然のことながら、神の御意にも神の世界にも精通していたのです。

しかし、人間のありさまが羊飼いのいない羊の群れで、路頭に迷って、弱り果てている、また盗人や強盗（狼）の餌食になっている、このような状態であることを踏まえた上で、先ほどの文を読んでみましょう。するとわかりやすいと思います。

ここに盗人とあるのは神様に敵対する勢力のことです。パウロが「かの空中の権を持つ者」と呼び、ときにはサタン、ときには蛇と呼ばれ、イエスが「この世の支配者」（ヨハネによる福音書一六章一一節）と呼ばれたところのものです。

この者の及ぼす力は命をそぐこと、失わせることとして現れるのに対し、イエスが父と呼ぶところの神の力は命を与えることとして現れます。ですからイエスは、盗人が来るのは盗んだり、屠ったり、滅ぼしたりするためだと言われたのです。

これをしっかり踏まえていますと、現実の人間を判断するのにも大変有効です。すぐに、あるいは直接、殺人という行為によって命を取らなくても、命をそぐ、あるいは生命力を失わせる行為（具体的には盗む、奪う、悩ませる、困らせる、痛めつける行為など）をする人か、または命を加え、増し与える、元気付ける行為（助ける、励ます、与えるなど）をする人か、という行いの結果を見れば、その人がどういう人かがわかります。

もっとも大抵の人間はサタン（盗人、狼）にそのかされてその支配下に落ち（創世記三章を思い出してください）、神から離れ（神の御旨《みむね》を仰ぐことなく）めいめい勝手に、自分の欲を遂げる道――すなわち他人を利用し、他人のものを盗み、他人を己の餌食にするの道――を採っています。ですから、あまり期待しない方がよいでしょう。そしてこれが、滅びの道を往く人ということなのです。

それを神は快く思わず、なんとか滅びの縄目《なわめ》より救い出したいというのです。イエスは御自分がその正当な羊の持ち主、また羊の救い主であることを、「門から入る」とか「良い羊飼い」という身近で具体的なもので例示されたのです。わたしは良い羊飼いであり、良い羊飼いは羊のために命を張って救うのだ、というのです。

これによって、イエスを救い主と信じるものが、再び神とつながり、滅びを免れることを指しています。そして命を捨てるとは、十字架の贖《あがな》いのことであり、再び命を受けるとは、復活を指していると思われます。

御自分のもの（自分が造り、命を授けたもの）が敵に盗まれ、滅ぼされるのをよしとされない神の御思《みおも》い（憐れみ、愛）が、助け主（イエス・キリスト）を送りました。そして、盗まれ、失ったものを取り返そうとする、我々のような造られた人間の側のちっぽけな存在には想像もできない、また関知し得ない壮大なドラマがここに展開しているのではないでしょうか。

それはパウロがいみじくもコリントの信徒への手紙で次のように述べているところで

す。

「しかしわたしたちは、信仰に成熟した人たちの間では知恵を語ります。それはこの世の知恵ではなく、また、この世の滅びゆく支配者たちの知恵でもありません。わたしたちが語るのは、隠されていた、神秘としての神の知恵であり、神がわたしたちに栄光を与えるために、世界の始まる前から定めておられたものです。この世の支配者たちはだれ一人、この知恵を理解しませんでした。もし理解していたら、栄光の主を十字架につけはしなかったでしょう。しかし、このことは、

『目が見もせず、耳が聞きもせず、
人の心に思い浮かびもしなかったことを、
神は御自分を愛する者たちに準備された』

と書いてあるとおりです。」（コリントの信徒への手紙一、二章六～九節）

また、イザヤ書五五章八～九節には、

「わたしの思いは、あなたたちの思いと異なり
わたしの道はあなたたちの道と異なると
主は言われる。
天が地を高く超えているように
わたしの道は、あなたたちの道を
わたしの思いは
あなたたちの思いを、高く超えている。」

とあります。
「迷走している、失われた羊」とは実にあなた方であり、わたしのことなのです。そして敵の手に落ち、今や屠られんばかりの運命を待っているあなた方やわたしを、その敵の手から奪還《だっかん》せんとしている神の熱い御旨を、あなたは感じ取ることができますか?

## 三、闇に座す人々

さて、神につながらず、生まれながらの人間性のままに歩んでいる人々の在り方が、迷って滅びゆく道を行くものということを前項でお伝えしました。それは取りも直さず、闇の中に住んでいる人、という表現もなされているのです。

## (一) 分別のつかない闇の世界

このような人は結局、分別のない人々である、とも言えると思います。

人はみな、「自分は分別がある」と思っているものです。しかしそれが真の分別か否か、と問うとき、はなはだ疑わしいのではないでしょうか。

目を閉じると物が見えなくなるように、そして物と物との境がわからなくなるように、物事の分別がつかない状態にいる、だから、闇に座す人々といわれているのです。そこでは他人のものが自分のものとなり、自分のものが他人のものとなってしまう、ということがしばしば起こっています。

これは単に物質的なものに限りません。いえ、むしろ物質的なものであればまだ他人のものと自分のものとは区別がつきやすいでしょう。名前が書けるものなどは、なおさらそうでしょう。

しかし、目に見えないもの、たとえば、権利や責任、義務といったものではどうでしょうか。それら目に見えないものの区別はついているでしょうか?

権利の主張ばかりがあって、義務の遂行はない、とか、責任のなすりつけ合い、とか、よく耳にするところです。そこでは、真の分別ある世界から観ると、ある者は持ちすぎ、ある者は少なすぎる、ということが起こっているのではないでしょうか?

このように、ある者は人の荷まで負わされてあえぎ、ある者は自分の荷を他人に背負わせて軽くし、自分の人生を謳歌《おうか》しているとしたら、それは取りも直さず、分別のつかない闇の世界の住人であることを示しているのではないでしょうか。

## (二) 闇を抜けて

「闇の中を歩む民は、大いなる光を見、死の陰の地に住む者の上に、光が輝いた。

あなたは深い喜びと、大きな楽しみをお与えになり、人々は御前に喜び祝った。

刈り入れの時を祝うように、戦利品を分け合って楽しむように。

彼らの負う軛《くびき》、肩を打つ杖、虐《しいた》げる者の鞭《むち》を、

あなたはミディアンの日（士師ギデオンが砂漠の民ミディアン人を打ち倒した日）のよ

うに、折ってくださった。

地を踏み鳴らした兵士の靴、血にまみれた軍服はことごとく、
火に投げ込まれ、焼き尽くされた。

ひとりのみどりごがわたしたちのために生まれた。ひとりの男の子がわたしたちに与えられた。

権威が彼の肩にある。

その名は、『驚くべき指導者、力ある神、永遠の父、平和の君』と唱えられる。

ダビデの王座とその王国に権威は増し、平和は絶えることがない。

王国は正義と恵みの業によって、今もそしてとこしえに、立てられ支えられる。

万軍の主の熱意がこれを成し遂げる。」（イザヤ書九章一～六節）

聖書に親しんでいますと、やがて、神の国に属する概念とこの世に属する概念との二つの対比的な言葉遣いがあることに気づかされます。たとえばそれは神の国とこの世、命と死（もしくは滅び）、永遠の命と永遠のゲヘナ（地獄）、天と地、霊と肉などです。そして今回取り上げようとしている闇と光もそのうちの一つだと思います。

聖書ではこの世について、しばしば〝闇〟という言葉によって、この世そのものが持つ性質、実態、内容を示そうとします。「闇」とは言うまでもなく、暗いこと、つまり光がないのでものがよく見えない状態です。

しかし、昼間は太陽の光によって明るいし、今は電気の光もある、などという次元の話ではないことは、すぐに察していただけると思います。太陽も、月も星も、電気の光も、一切の光のない世界をちょっと想像してみていただけるでしょうか？（今やこのような闇は本当に想像しづらい時代になってしまいましたが……）そうすれば、暗くてものが見えない世界が想像できると思います。

それは身体の目の持つ機能が失われて「見えない」ということです。しかし、聖書では単に身体の目の持つ機能が失われて見えないということではなく、むしろそれになぞらえて、世の中や物事全般が見えない状態のことを指しています。つまり物事に蒙《くら》く、世の中のことがよくわかっていないということなのです。

ではなぜ、人はこのような状態、「闇の中に座す人々」といわれるような状態にあるのでしょうか？

この点についてはすでに取り上げてきましたが、創世記には、人が神の言いつけに背いて楽園を追われたからということになっています。神の命令に反した、ということであり、これは取りも直さず、「創造主である神を尊重せず、造られた人の身分であるにもかかわらず、己を土に据えた」ということなのです。

つまり造り主である神よりも、被造物である自分の意志や気持ちを通した、つまり、自分を立てたということです。これがいかに陳腐なことであるか、わかっていただけるでしょうか。

わたし流の説明をすれば、「大きな知恵よりも小さな知恵の方を尊重した」「値打ちのあるものより値打ちのないものを優先した」ということになるでしょうか。もっと簡潔に、冒険的にいえば、「優れたものよりも劣ったものを尊重した」ということなのです。

それ以来、人は罪という闇におおわれるところとなります。神を否定したら、一切は相対化しますから、何が何だかわからない、という状態に陥ってしまいます。「義」という絶対的な基準がなければ、何が正しいのか、何が間違っているのかわかりません。一切は相対の流れの中で決まってしまいます。

相対世界は確かなものはなにもない世界です。規範は部分的なものでしかなく、その時代やその地域や、一部の住民などに限定して適用される相対的規範でしかありません。ですから極めて流動的です。

力関係によって動かされることがあるでしょうし、あくまで意固地に自我を主張する我の強い人が有利だったりするでしょう。自分はどこにいるのか、何を目指して生きているのか、はたまたどうして自分が生きているのかもわからない、まるで今の世の中のようではありませんか。

そう、混乱と混迷が世の中をおおい、さらにはどこへ行くのか、知れたものではありません。何が何だかさっぱりわからない混沌、これこそが闇の中にいる、ということなのではないでしょうか。

不安、心配、恐れ、失望が襲うばかりです。混乱からさらには混沌へ、無秩序、空虚、虚無と来れば、闇はいよいよ深いと言わざるを得ません。

このような状態の中で、まさに暗躍するものがあります。それが人間性の〝自我〟です。物事を集約する力は、今や「創造主なる神、絶対主なる神」から「人間性の自我」に移ったのです。一人一人の中に住まう自我に。そしてこの自我が、人を支配するものとして、神に取って代わるのです。

そうなると、この自我の持つ性質というものが重要になってきます。自我がその目的とするところで最も強いのは、自己保存本能だろうと思います。自己を立てるためには、他のものを抹殺する、ということです。

あるのは自分だけ。他のもの（他の人間も含む）は一切、自分を成り立たせるために利用できるか否かという基準で序列されることとなります。したがって、おのずと自己が中心になり、自分が一番上位に位置するところとなります。

自己保存の性質の一つは序列、つまり自分を最優先の頂上に置いた縦の位置関係を形成する世界観になるということです。これは目には見えない構造です。その結果、おのずと覇権《はけん》争い、権力闘争を行う世界となるのです。

〝争う、戦う〟というのがその世界の性質の大きな一つの特徴です。これはその対極に位置する〝平和〟を考えていただければ、容易に理解されるのではないかと思います。

ここで、この項の最初に紹介したイザヤ書九章の冒頭を再度参照していただけるでしょうか。そうすれば、イザヤ書のその部分の理解がいっそう促進されると思います。そこで描かれているのは、他の者に対して自分の存在を誇示・顕示する闘争の世界からの転換です。

わかりにくければ、身近なことに置き換えて考えてみればよいのです。自分を誇るための職業、自己顕示するための社会的地位、学歴、富、技、能力……今の世にも、そこここにすぐ見い出せる事例ばかりではありませんか。

そういう世界であれば、人を出し抜いたり、陥れたり、嘘や詐欺、ペテンの類が横行するのは容易に察しのつくところです。人々は互いに疑心暗鬼となり、不信感に捕らわれ、恐れや心配、不安で気の休まることがありません。

平穏などという世界とは縁遠い世界です。神経をすり減らして、休まることのない事態となるでしょう。トゲトゲしい空気の中で、ビクビクしながら日々を送らなければならないのです。これを幸せという人がいたら、よほど奇特な人と言わざるを得ません。

さて、わたくしごとで恐縮ですが、長い年月をかけた聖書とのつき合いの間には、このつき合いを絶とうとするプレッシャーに何度も襲われました。それは直接的には周囲の中傷であったり、職場の上司であったり、身近な肉親であったりしました。本当に、このキリスト教との関わりをいっそのこと、スッパリ絶った方がどんなに楽かと思ったこともありました。

しかし、せっぱ詰まったものの、それがどうしてもできなかったのは、せっかくわたくしの中に形成されつつあった世の中の糸のほぐれ、秩序の回復、世界観の形成、そういうものを捨て去ることができなかったからだと思います。

また再びあの物事が放散したような無秩序、混沌、カオスの中に逆戻りすることには耐えられなかったのです。逆戻りするということは、いつも自信がなくて、ビクビクしているわたしに戻ることでもありました。

このような状態の中で、人の中に突出してくるのが欲望を満たしたり、欲望のままに何かをしようとすることです。自己顕示欲、食欲、性欲、物質欲、権力欲……このようなものに捕らわれている人のありさまを、聖書の中（特に新約聖書パウロ書簡）ではよく〝肉〟あるいは〝肉的〟という表現を使って表します。このような人の在り方がもたらすものは滅びであり、死であるというのです。

これらが闇の指す内実だということは、大体わかっていただけたでしょうか。

さて、西暦では紀元前をＢＣ＝Before Christ（キリスト以前）と表し、キリスト以後をＡＤ＝Anno Domini（ラテン語、その意味は「闇は開かれた」）と表します。キリスト教の歴史観は極めて直線的で、初めがあって終わりが来る、というものだと思います。

ＢＣとＡＤという表し方からも、イエス・キリスト以前、つまり旧約聖書の時代を闇に閉ざされた時代と見ていることがわかります。人の罪という根本的な問題が片づけられていなかったからです。

しかし神は、イエス・キリストを用意され、人類救済のわざをすでに成し遂げられたのです。そうです、今やわたくしたちは罪から解放され、光が届けられて、闇から抜け出すことができるのです。

そして、「わたしを見た者は父を見たのだ。」（ヨハネによる福音書一四章九節中）と言われたイエス・キリストを、わたしたちは注視しなければなりません。なぜならそこにはこの世を、この世の森羅万象を、万物を、人を造られた神のメッセージが、御旨《みむね》が示されているからです。

ところが、ある人は次のように感じ、言うかもしれません。「わたしは救われた気がしないのです」、またある人は「わたしにはそのようなものは必要ありません」と強がるかもしれません。

歴史的には神の光は届いている時代なのです。旧約聖書の時代の人々があれほど切望した救い、それが今は来ているのです。にもかかわらず、この恩恵に浴することができない人がいるとは、なんとも悲しいではありませんか。

それは神の側の問題ではありません。一人一人の人間の側の問題なのです。ヨハネによる福音書三章一九節には「光が世に来たのに、人々はその行いが悪いので、光よりも闇の方を好んだ」とあります。

自分の側に掛けられているおおい、神の光を遮断するおおいを取り除かなければなりません。そうすることを神は強制するのではなく、人の側の自主判断に任せられたのです。なぜなら神は人を、自主判断で自分の在り方を決定するものとして創造されたからです。

ではそのおおいとは何なのでしょうか？

それは己の分を超えた思い、つまり、傲慢というものなのです。人でありながら、神をないがしろにして、自分の方を立てる思いです。うぬぼれ、我執《がしゅう》、これこそが、神が立つべきところに人が立っている姿です。神と人との間に置かれた、決して相交わることのない断絶です。

おおいを取り除いていない人には神の光は届かず、神の言《ことば》もわからず、神の恩恵を受けることもありません。神の力に支えられることもなく、小賢しい部分的な知恵を振りかざして自分勝手に生きて、やがて滅びの穴に落ちていく。それが、自分を一番とする人の逃れようのない生きざまなのです。

ですから己を誇り、自信たっぷりで、怖いものなしの人、そういう人にはどうしても救いが遠くなってしまうのです。

それに対して、これまでの自分が打ち砕かれて、自信をなくして、己の危うさを感じ、自分を見直さざるを得なくなったような人、そういう人は、かえって救いが近いのです。イエスが「医者を必要とするのは、健康な人ではなく病人である」（ルカによる福音書五章三一節）と言ったのはそういうことだと思います。

そして人が自分を見直さざるを得なくなる状況というのはたいてい、逆境に打ち当たったときや、それまでの自分を否定せざるを得なくなったときなどが多いのです。貧しかったり、悲しく辛かったり、難しかったり、壁にぶち当たったり、裏切られたり……ということを経て、おおいが取り除かれた境地を授かるのです。

自分を成り立たせている誇り、自信、そういうものを取り払うのは並大抵のことではありません。自分を打ち消す、自分を否定する、という作業をするのですから……命がけのことになります。

そうすることで、ときには自殺してしまう人もいます。それこそが「人あらたに生まれずば神の国を見ること能《あた》はず」（文語訳、ヨハネ伝福音書三章三節）ということなのだと思うのです。

しかし、「人はパンだけで生きるものではない。神の口から出る一つ一つの言葉で生きる」（マタイによる福音書四章四節）とおっしゃった神は、人に対し、霊的な次元で、偽りの誇りや偽りの自信を取り払うことを求めているのです。それを心の中の作業として為すことのできた人が、生まれ変わって、新しい命に生きることができるのだと思います。

それこそが、肉的な、以前のような情欲に惑わされた古い生き方ではなく、新たな生き方、新しい人になっていくということなのです。

新たな生き方をしている人は自信はあっても傲慢はなく、自分を誇らず、驕《おご》らず、高ぶらず、へりくだって、寛容で、柔和で、温かい、そういう人だと思います。人は一人一人がこの世を造った絶対者、創造主である神とつながって初めて、人と人との関係は水平なものとなるのです。

伝道者は「事の帰する所は、すべて言われた。すなわち、神を恐れ、その命令を守れ。これはすべての人の本分である。」（口語訳、伝道の書一二章一三節）と述べています。

「起きよ、光を放て。あなたを照らす光は昇り、主の栄光はあなたの上に輝く。見よ、闇は地を覆い、暗黒が国々を包んでいる。しかし、あなたの上には主が輝き出で、主の栄光

があなたの上に現れる。」（イザヤ書六〇章一～二節）

「太陽は再びあなたの昼を照らす光とならず、月の輝きがあなたを照らすこともない。主があなたのとこしえの光となり、あなたの神があなたの輝きとなられる。あなたの太陽は再び沈むことなく、あなたの月は欠けることがない。主があなたの永遠の光となり、あなたの嘆きの日々は終わる。」（イザヤ書六〇章一九～二〇節）

「ほめたたえよ、イスラエルの神である主を。主はその民を訪れて解放し、我らのために救いの角を、僕ダビデの家から起こされた。」（ルカによる福音書一章六八～六九節）

「幼子（ヨハネ）よ、お前はいと高き方の預言者と呼ばれる。主（イエス・キリスト）に先立って行き、その道を整え、主の民に罪の赦しによる救いを知らせるからである。これは我らの神の憐れみの心による。この憐れみによって、高い所からあけぼのの光が我らを訪れ、暗闇と死の陰に座している者たちを照らし、我らの歩みを平和の道に導く。」（ルカによる福音書一章七六～七九節）

# 四、神様につながらない人の道

## （一）強い者はさらに強く、弱い者はさらに弱く

最近の世相を観ていますと「これはもう世も末だなぁ」と感じることがいくつかあります。たとえば、いじめの形態です。

昔、といわれるのかもしれないわたしたちの子供の頃には、「強きをくじき、弱きを助ける」という話が常識として、人の口に上っていたように思います。そしてそれとは反対のことをするのは卑劣な人間のやることだと、子供のわたしたちも教えられたように思うのです。

ところが最近のいじめというものは、「強きを助け、弱きをくじく」というではありませんか。それも陰湿に、いつまでも繰り返されるというのです。やがては死に至らしめる……まで。

さらに例として挙げたいものに、わが子への虐待、もしくは虐待死、というものがあり

ます。これは案外、「強きを助け、弱きをくじく」の例の延長と考えてよいのかもしれません。なぜなら乳幼児くらい弱い存在はないと考えられるからです。

これもわたしたちの育った世の中の通念では、親が「わたしたちは食べられなくても、子供には食べさせたい」とか「わたしたちはどうなってもいいから、子供だけは助けてくれ」とかいうものだったように思います。そして親が子供を犠牲にして生き延びたりした場合、あそこの親は鬼親《おにおや》だとか鬼母《おにはは》だとか、陰口を言われたりするのが常でした。

しかし今はその反対の様相が出てきていると感じるのです。もちろんそこに至る要因として、社会の風潮や家族形態や生活の変化ということもあるのだろうとは思います。けれど、強い者はさらに強く、弱い者はさらに弱く、富める者はさらに富み、貧しい者はさらに貧しくされる、そのような社会が出現しているとすれば、愚かな民の社会ではないでしょうか?

聖書の中に示されている神の国は、むしろこれとは逆の世界です。マタイによる福音書五章三～一一節、ルカによる福音書六章二〇～二六節をご覧ください。

ここではマリアの賛歌と呼ばれるところを引用します。

「わたしの魂は主をあがめ、わたしの霊は救い主である神を喜びたたえます。身分の低い、この主のはしため（主につかえる女である身を謙遜して言った言葉）にも、目を留めてくださったからです。今から後、いつの世の人も、わたしを幸いな者と言うでしょう、力ある方が、わたしに偉大なことをなさいましたから。

その御名は尊く、その憐れみは代々に限りなく、主を畏れる者に及びます。主はその腕で力を振るい、**思い上がる者を打ち散らし、権力ある者をその座から引き降ろし、身分の低い者を高く上げ、飢えた人を良い物で満たし、富める者を空腹のまま追い返されます。**」

（ルカによる福音書一章四六～五三節）

しかし、今日の時代、強い者はさらに強く、弱い者はさらに弱く、肥えた者はさらに肥え、飢えた者はさらに飢える、富める者はさらに富み、貧しい者はさらに貧しくなる。そんな時代になってきているように感じられるのです。

着実にその方向に向かっていくならば、終わりの世も着実に近づいてくるだろうと思います。愚かで、浅はかで、悲しいこの世の現実です。

「呼びかける声がある。主のために、荒れ野に道を備え、わたしたちの神のために、荒れ地に広い道を通せ。谷はすべて身を起こし、山と丘は身を低くせよ。険しい道は平らに、狭い道は広い谷となれ。主の栄光がこうして現れるのを、肉なる者は共に見る。主の口がこう宣言される。」（イザヤ書四〇章三〜五節）

「荒れ野で叫ぶ者の声がする。『主の道を整え、その道筋をまっすぐにせよ。谷はすべて埋められ、山と丘はみな低くされる。曲がった道はまっすぐに、でこぼこの道は平らになり、人は皆、神の救いを仰ぎ見る。』」（ルカによる福音書三章四〜六節）

ここには高いものが低くされ、低いものが高くされると書かれています。曲がった道はまっすぐに、でこぼこの道は平らに、それが主の道、神の救いというのです。

高いものがさらに高く、低いものがさらに低くなるのは主の道、神の国ではないのです。そして低地、底辺にあるような弱者を虐げ、貧しい人や乏しい人を蔑《ないがし》ろにする家や国が、栄えたためしは歴史を観てもないのです。

しかし、現代の世相はさもあらんと思います。戦後、宗教教育はもちろんのこと、道徳や倫理までおろそかにされて、無神論が闊歩《かっぽ》する時代、科学と人間万能の時代だったのですから……。神につながらない人の道がこのようなものになるのは、ことの必然なのです。

「弱者を虐げる者は造り主を嘲《あざけ》る。造り主を尊ぶ人は乏しい人を憐れむ。」（箴言一四章三一節）

## （二）己を立て、他者への配慮がない

神につながらない人の世界では、強いものはさらに強くならんとして弱きを虐げ、弱い者はさらに弱くされて命を取られる、富める者がさらに富み、貧しい者がさらに搾取されて貧しくされることを述べました。そこでは、高いものはさらに高く、低いものはさらに低くなって、その開きが大きい社会です。

それがなぜなのかを、聖書をひもときながら解き明かしてみたいと思います。

聖書（口語訳）の伝道の書の最後の方に次のような箇所があることは、ほかのところですでに述べた通りです。

「事の帰する所は、すべて言われた。すなわち、神を恐れ、その命令を守れ。これはすべての人の本分である。」（伝道の書一二章一三節）

ここでは神様とつながることは人の本分である、といわれています。では、神とつながらない人のありさまとはどうなっているのでしょうか。

神につながらない人は、自己本位の在り方から離れることができません。自己を中心に、自己を拠り所にして、物事を観るのです。それは自分にとって都合の良い在り方を模索することであり、利己主義を免れることはできません。

その姿は自己のために一番良い在り方を求めて、自己を第一として、世の中を、世界を生きる姿なのです。ところが、それに異議を唱える御方がおられます。それがこの世を造られた御方、創造主なる神、わたくしたちが平たく呼ばせていただくところの神様なのです。

「それは間違っている。それはわたしが造った世界を歪めるものだ」というのが、異議を唱える所以《ゆえん》です。

ヨブ記にはそのことを延々と述べた箇所があります。

「主は嵐の中からヨブに答えて仰せになった。これは何者か。知識もないのに、言葉を重ねて、神の経綸を暗くするとは。男らしく、腰に帯をせよ。わたしはお前に尋ねる、わたしに答えてみよ。わたしが大地を据えたとき、お前はどこにいたのか。知っていたというなら、理解していることを言ってみよ。誰がその広がりを定めたかを知っているのか。」に始まるヨブ記三八章～四一章を参照してください。

そこには神の御業が延々とつづられています。それは人の計り知れないところなのです。そしてついにヨブは、

「ヨブは主に答えて言った。あなたは全能であり、御旨の成就を妨げることはできないと悟りました。『これは何者か。知識もないのに、神の経綸を隠そうとするとは。』そのとおりです。わたしには理解できず、わたしの知識を超えた、驚くべき御業をあげつらっておりました。」（ヨブ記四二章一～三節）

と言って、人である、いえ人に過ぎない己の出すぎた言論や態度を悔い改めるのです。

またイザヤ書には、

「イスラエルの王である主、イスラエルを贖う万軍の主は、こう言われる。わたしは初めであり、終わりである。わたしをおいて神はない。だれか、わたしに並ぶ者がいるなら、声をあげ、発言し、わたしと競ってみよ。」（イザヤ書四四章六節、七節前半）

という箇所や、

「あなたの贖い主、あなたを母の胎内に形づくられた方、主はこう言われる。わたしは主、万物の造り主。自ら天を延べ、独り地を踏み広げた。」（イザヤ書四四章二四節）

という箇所、

「日の昇るところから日の沈むところまで、人々は知るようになる、わたしのほかは、むなしいものだ、と。わたしが主、ほかにはいない。光を造り、闇を創造し、平和をもたらし、災いを創造する者。わたしが主、これらのことをするものである。天よ、露を滴らせよ。雲よ、正義を注げ。地が開いて、救いが実を結ぶように。恵みの御業が共に芽生えるように。わたしは主、それを創造する。災いだ、土の器のかけらにすぎないのに、自分の造り主と争う者は。粘土が陶工に言うだろうか『何をしているのか、あなたの作ったものに取っ手がない』などと。」（イザヤ書四五章六～九節）

「イスラエルの聖なる神、その造り主、主はこう言われる。あなたたちはしるしを求めるのか。わたしの子ら、わたしの手の業について、わたしに命ずるのか。大地を造り、その上に人間を創造したのはわたし。自分の手で天を広げ、その万象を指揮するもの。」（イザヤ書四五章一一～一二節）

という箇所もあります。

さて話をもとに戻しますが、創造主である神を認めない人間は、自己本位という在り方から逃れられない宿命にあること、それは取りも直さず（本人が自覚していようがいまいが）自分を中心とした縦列関係の世界観の中に生存するということになります。

ですから、それは自分より強い、もしくは自分よりも上であると認識された者（どちらが上かを決めるために自己を誇示する必要に駆られ、絶えず覇権争い、権力闘争を重ねることになります――群れの中で順位を決めて秩序を保っている犬や猿の世界と同じですね）には従い、また倣《なら》い、嫉妬《しっと》し、自分より弱い、または下であると認識される者は侮《あなど》り、軽蔑し、ややもすると虐げ、蹂躙《じゅうりん》するという世界なのです。これを地獄と言わずして何と言いましょう。これが神様というこの世の創造者を認めない人間の在り方なのです。「生まれながらの」といいますか、「生来の」といいますか、聖書の言葉でいえば、野生の人の姿なのです。このような人を原罪を負った、とか驕《おご》り高ぶった、という形容で聖書は表しているのです。

わたくしはこのような聖書の表現は何のことはない、当を得た至極まとも（真）なもの、との感慨を抱くのです。今の世は己を誇る世界であって、聖書の示すような神にあることを誇る世界ではありません。

ドイツ文学者で詩人で、東京キリスト召団の主催者でもあった小池辰雄先生はこのことを次のように言っています。

「『罪びと』というのは、何も『この行ない、かの言葉が悪い』ということではない。それは枝葉にすぎない。要するに、〝自我〟というやつ、〝我執〟というやつがある。これが『罪』なんだから、我執そのものが。『万人は罪びとなり』というのは『万人は我執の人なり』ということだ。（中略）やむをえず、『わたし』ということを言います。けれども、『私』にとかく執するから、『私』が立つから、エゴイズムだから、万人はエゴイストなんだ。『エゴイズムの人である』ということは、『罪びとである』ということだ。神さまを立てないで、自分を立てている。」（『霊の貧者』マタイ伝福音書二より）

ところで、最近の新聞は本当に暗たんとさせられる記事ばかり載せています。今や日本の世相は十代の若者による凶悪犯罪一色に彩られているようにさえ感じます。

その一つの公判を傍聴された方が、ある新聞に記事を寄せていました。その中に「なぜ人間がこんな残酷なことができるのかという究極のなぞはある」というくだりがありました。この問いには「人は元来罪びと（自己中心）で生まれてくるから」という返事をしてはいけないでしょうか。

放っておけばこんなものです。それが道徳、倫理、宗教、教育、社会的規範、慣習、懲罰制度などによって制約され、防止されているのだけれど、今日そういうものが希薄になっています。それに、十代は罪に問われないことを認識しているとしたら、このようにもなるのでしょう。

これこそが神とのあるべき姿を保っていて問題がなかった楽園を、サタンのかどわかしに乗って失った、つまり神の言いつけ（御意志）より自分の思いを採った人間の、あるべくしてある姿なのです。つまり我を立て、わがもの顔にこの世を闊歩せんとする罪をはらんでしまった人間の、あるべくしてある姿なのです。

そこから罪の具体的な姿としての、いろいろな悪行が発生してきます。それが聖書の執筆された当時、どのようなものとして描かれているか、を見てみたいと思います。

「御覧ください、彼らは悪をみごもり、災いをはらみ、偽りを生む者です。」（詩編七編一五節）

「神に逆らう者は自分の欲望を誇る。貪欲であり、主をたたえながら、（実は）侮っている。神に逆らう者は高慢で神を求めず、何事も神を無視してたくらむ。あなたの裁きは彼にとってはあまりにも高い（遠い、身近なものに思えない）。彼の道はどのようなときにも力をもち、自分に反対する者に自分を誇示し、『わたしは揺らぐことなく、代々に幸せで災いに遭うことはない』と心に思う。口に呪い、詐欺、搾取を満たし、舌に災いと悪を隠す。村はずれの物陰に待ち伏せし、不運な人に目を付け、罪もない人をひそかに殺す。茂みの陰の獅子のように隠れ、待ち伏せ、貧しい人を捕らえようと待ち伏せ、貧しい人を網に捕らえて引いて行く。」（詩編一〇編三～九節）

「なぜ、逆らう者は神を侮り、罰などはない、と心に思うのでしょう。」（詩編一〇編一三節）

詩編が書かれたのが紀元前一五〇〇年前から五〇〇年頃といわれていますが、驚くほど現代に通じる姿ではありませんか。世は変わり、手に取るものは変化しても、人の根本は何ら変わっていないのだとつくづく感じさせられます。武器は変わっても、場所は変わっても、時代は変わっても、戦争が相変わらずなくならないように。

新約聖書を見てみることにします。

「不義によって真理の働きを妨げる人間のあらゆる不信心と不義に対して、神は天から怒りを現されます。なぜなら、神について知りうる事柄は、彼らにも明らかだからです。神がそれを示されたのです。世界が造られたときから、目に見えない神の性質、つまり神の永遠の力と神性は被造物に現れており、これを通して神を知ることができます。従って、彼らには弁解の余地がありません。なぜなら、神を知りながら、神としてあがめることも感謝することもせず、かえって、むなしい思いにふけり、心が鈍く暗くなったからです。自分では知恵があると吹聴しながら愚かになり、滅びることのない神の栄光を、滅び去る人間や鳥や獣や這うものなどに似せた像と取り替えたのです。そこで神は、彼らが心の欲望によって不潔なことをするにまかせられ、そのため、彼らは互いにその体を辱めました。神の真理を偽りに替え、造り主の代わりに造られた物を拝んでこれに仕えたのです。造り主こそ、永遠にほめたたえられるべき方である、アーメン。それで、神は彼らを恥ずべき情欲にまかせられました。女は自然の関係を自然にもとるものに変え、同じく男も、女との自然の関係を捨てて、互いに情欲を燃やし、男どうしで恥ずべきことを行い、その迷った行いの当然の報いを身に受けています。彼らは神を認めようとしなかったので、神は彼らを無価値な思いに渡され、そのため、彼らはしてはならないことをするようになりました。あらゆる不義、悪、むさぼり、悪意に満ち、ねたみ、殺意、不和、欺《あざむ》き、邪念にあふれ、陰口を言い、人をそしり、神を憎み、人を侮り、高慢であり、大言を吐き、悪事をたくらみ、親に逆らい、無知、不誠実、無情、無慈悲です。彼らは、このようなことを行う者が死に値するという神の定めを知っていながら、自分でそれを行うだけではなく、他人の同じ行為をも是認しています。」（ローマの信徒への手紙一章一八～三二節）

「肉の業は明らかです。それは、姦淫《かんいん》、わいせつ、好色、偶像礼拝、魔術、敵意、争い、そねみ、怒り、利己心、不和、仲間争い、ねたみ、泥酔、酒宴、その他このたぐいのものです。以前言っておいたように、ここでも前もって言いますが、このようなことを行う者は、神の国を受け継ぐことはできません。」（ガラテヤの信徒への手紙五章一九～二一節）

いかがでしょうか？　多少の枝葉の違いはあったとしても、わたくしは今日の事情にも十分適用され得ると考えます。薬物中毒、援助交際などという性の乱れ、憎しみ、敵意、利己心、争い、非難、中傷、逆恨み、ねたみ、嘘、偽り、欺き、虐待、殺傷……これらは今日、どこにでも見られる光景ではありませんか。

そして、このようなありさまを特徴づけているのは「己を立てる」「自分を通すことだけがあって、他者への配慮がない」ということです。他者の立場で物事を見る、他者の立場をも思いやる、という視野が開けていないのです。我の一方通行とでもいいましょうか。

他者のための対向車線がない道です。いわば狭い、窮屈な私道のみで、みんなが行き交う広さも余裕もありません。こんなものは道とは言えません。

小池辰雄先生によりますと、ラテン語の「レリギオ」(宗教)という言葉は「レリガーレ」(再び結び返す――再結)という語から来ているそうです。つまり、宗教という言葉は神との再結合、結び直しを意味するというのです。

神、絶対者との結び直しをした人間は、神がその依拠するところとなりますから、我執から解放されることになります。それによって、他が心の視野に入るようになります。

他を配慮し、他とともに歩む姿勢が出てきます。ここに、真に社会性を持った人間が誕生するのです。

これが本当の大人の条件だとは思われませんでしょうか。そして他との関係は一人前の人と人との関係において、縦列ではなく横列、つまり平等で対等な関わりになるのです。神との縦列関係は他の人との横列関係を生むというわけです。

イエスは最も重要な掟として、「神を愛すること」と「隣人を愛すること」を挙げました。

「『先生、律法の中で、どの掟が最も重要でしょうか。』イエスは言われた。『「心を尽くし、精神を尽くし、思いを尽くして、あなたの神である主を愛しなさい。」これが最も重要な第一の掟である。第二も、これと同じように重要である。「隣人を自分のように愛しなさい。」律法全体と預言者は、この二つの掟に基づいている。』」（マタイによる福音書二二章三六～四〇節、マルコ、ルカにもあり）

イエスは「心を尽くし、精神を尽くし、思いを尽くして、あなたの神である主を愛しなさい」と、「隣人を自分のように愛しなさい」と言われました。実はこの二つは同じことなのです。神とつながって初めて、隣人を愛するということも出てくるのです。

平たく言えば、何のことはない、「神を崇め、神の経綸を第一としなさい」ということです。つまり、「己の人としての立場をわきまえ知りなさい、あなたがこの世の主役ではありません、それは器量不足というものである」ということです。「自分だけ良しとせず、他と共に歩みなさい、それは悲しむ者と共に悲しみ、笑う者と共に笑い、泣く者と共に泣きなさい」ということでもあります。

「喜ぶ者と共に喜び、泣く者と共に泣きなさい。」（ローマの信徒への手紙一二章一五節）

ところが神につながっていない罪人の世界は、「他人の不幸は蜜の味」となるのです。利己しか視野にありませんし、自分しか愛するものがないのです。他人を憎み、自己を誇示して、互いにぶつかり合い、争いばかり繰り返しながら、屈服させた者には主人のように振る舞います。屈服させられた者は奴隷のように従属する立場となるのです。

現実の多くのケースでは無理を利かせ、自己の主張を通すという姿をとります。他人を虐げ、他人に威張る人は、反対の局面では媚びへつらい、ご機嫌を取る姿になります。

人の我執、自己本位――諸悪の根源はここに端を発しているのです。自分を拠り所とする限り、偏見を免れず、真に公平な見地に立つことはできません。だから神、つまり創造主や絶対者をいただくこと、それは人の本分であると伝道者は言われるのです。

自分の腹を世界の根っこにしている人と、神——この世の創造者——を世界の根っこにしている人とは、その結ぶ実（結果としての行動）がこのように異なってくるのです。そして前者を闇の住人、後者を光の住人、または神の国の住人と表現したりもするのです。

しかし、現実のこの世界はもっと複雑です。この二つの勢力（「闇と光」とも表現されます）はそれぞれ個人によって表れ方が異なり、個の中でぶつかり合うのです。それにより、また人と人との間でぶつかり合い、さらには国と国との間でぶつかり合うのです。

それがある時代には闇に傾いて暗い時代を、またある時代には光に傾いて明るい時代を形成します。そうやって歴史を彩っているように観えます。讃美歌二七六番の一の中にある歌詞の一節のように。「光と闇との行き交う巷、いずれの方にか着くべきわが身……」

またそれゆえに、自分を拠り所としないよう、「絶えず自分の心を見張れ」と言われるのです。

今の時代、特に日本における今の時代は、おおむね人の器量が小さく、また狭くなっているのでしょうか。

## （三） 空なるかな

「伝道者は言う、

空の空、空の空、いっさいは空である。
日の下で人が労するすべての労苦は、
その身になんの益があるか。
世は去り、世はきたる。
しかし地は永遠に変らない。
日はいで、日は没し、
その出た所に急ぎ行く。
風は南に吹き、また転じて、北に向かい、
めぐりにめぐって、またそのめぐる所に帰る。
川はみな、海に流れ入る、
しかし、海は満ちることがない。
川はその出てきた所にまた帰って行く。

すべての事は人をうみ疲れさせる、
人はこれを言いつくすことができない。
目は見ることに飽きることがなく、
耳は聞くことに満足することがない。
先にあったことは、また後にもある、
先になされた事は、また後にもなされる。
日の下には新しいものはない。
『見よ、これは新しいものだ』と
言われるものがあるか、
それはわれわれの前にあった世々に、すでにあったものである。
前の者のことは覚えられることがない、
また、きたるべき後の者のことも、
後に起る者はこれを覚えることがない。
伝道者であるわたしはエルサレムで、イスラエルの王であった。
わたしは心をつくし、知恵を用いて、天が下に行われるすべてのことを尋ね、また調べた。これは神が、人の子らに与えて、ほねおらせられる苦しい仕事である。わたしは日の下で人が行うすべてのわざを見たが、みな空であって風を捕らえるようである。」（口語訳、伝道の書一章二～一四節、新共同訳では「コヘレトの言葉」となっています）

伝道の書のこの部分は、わたくしが若い頃に共感を覚えて、よく読んでいた箇所です、いっときここばかり読んでいたと言ってもいいくらいです。最近久しぶりにその頃の感覚を呼び起こされた出来事がありました。聖書の引用はまず、その若い頃に親しんでいた、口語訳聖書からです。

さて、伝道者はありとあらゆることに触れ、それについて述べながら、最後にはいつも「空の空、空の空、いっさいは空である」に帰着するのです。たとえばこの部分のほかにも、「わたしは自分の心に言った、『さあ、快楽をもって、おまえを試みよう。お前は愉快に過ごすがよい』と。しかしこれもまた空であった。」（口語訳、伝道の書二章一節）とか、「わたしの心は知恵と知識を多く得た。わたしは心をつくして知恵を知り、また狂気と愚痴とを知ろうとしたが、これもまた風を捕えるようなものであると悟った」（口語訳、伝道の書一章一六後半～一七節）などがそうです。

以下、そのような所をもう少し紹介してみます。

「わたしは顧《かえり》みた、この手の業、労苦の結果のひとつひとつを。見よ、どれも空しく、風を追うようなことであった。太陽の下に、益となるものは何もない。」（コヘレトの言葉二章一一節）

「わたしは生きることをいとう。太陽の下に起こることは、何もかもわたしを苦しめる。どれもみな空しく、風を追うようなことだ。」（コヘレトの言葉二章一七節）

「まことに、人間が太陽の下で心の苦しみに耐え、労苦してみても何になろう。一生、人の務めは痛みと悩み、夜も心は休まらない。これまた、実に空しいことだ。」（コヘレトの言葉二章二二～二三節）

「人間が才知を尽くして労苦するのは、仲間に対して競争心を燃やしているからだという

ことも分かった。これもまた空しく、風を追うようなことだ。」（コヘレトの言葉四章四節）

「ちりは、もとのように土に帰り、霊はこれを授けた神に帰る。伝道者は言う、『空の空、いっさいは空である』と。」（口語訳、伝道の書一二章七～八節）

そして、最後になって、伝道者は若者には「あなたの若い日に、あなたの造り主を覚えよ。悪しき日がきたり、年が寄って、『わたしにはなんの楽しみもない』と言うようにならない前に、また日や光や、月や星の暗くならない前に、雨の後にまた雲が帰らないうちに、そのようにせよ。」（口語訳、伝道の書一二章一～二節）と言い、最後の最後には「**事の帰する所は、すべて言われた。すなわち、神を恐れ、その命令を守れ。これはすべての人の本分である。神はすべてのわざ、ならびにすべての隠れた事を善悪ともにさばかれるからである。**」（口語訳、伝道の書一二章一三節～最後まで）と言っているのです。

あなたはこれらを読んで、どのような感想を持たれますか？　共感する方もあれば、「そこまで虚無的にはなれない」と思われる方もあるでしょう。それぞれの方の持っておられる状況によって、感想はいろいろになるでしょう。

しかし、大半の人々が多かれ少なかれ、共感されるのではないでしょうか。苦しみ、悩み、責められ、労苦させられる人生の中で、ひとときの小さななぐさめや楽しみでも見い出せれば、よしというところでしょうか。しかし、そういう人生を、ふと永遠の時の下にさらすとき、「この世はなんと空しいものなのだろう」「いっさいはただ、消え去るのみ」という伝道者の感慨に同意することができるのではないでしょうか。

さて、わたくしはこの旧約聖書である「伝道の書」には、イエスが「この世の君」とも「この世の権者」とも呼び、「かの空中の権を持つ者」とも表したところの者が支配する世界が描かれているように思います。

この世の君の支配する世界とは、人が自己本位の在り方をして、せっせせっせと〝富〟を蓄え、自分を誇る世界です。あのイエスが「神と富とに兼ね仕うること能わず」と述べたところの「富」、つまり、利得というものが人を突き動かし、生きる法則となっている世界です。

この場合の利得は、他人のものでも自分の方へ来たらせ、損害は自分の負うべきものでも他人の方へ追いやる、ということで争い合う世界です。「それって今のこのわたしたちの世界じゃないの？」と思う人がいるかもしれません。それゆえに、だまし、脅し、ごまかし、ペテン、偽りがあって、そういう人の心は冷酷、非情、敵意、憎しみで彩られています。

「我、いけにえ（犠牲）を好みて、憐れみを好まず」の世界です。他方、神は「我、憐れみを好みて、いけにえ（犠牲）を好まず」と言われた世界なのです。

「神などいない」と、自分本位（自分を最も拠り所にすること、頼りにすること）で一切を判断し、采配している（その実は自分が偽りの神になっているのですが、その自覚はない）世界ですから、欺けばよいのはただ人の前だけということになります。前を見ていると後ろが見えない人、一人の人と話していると他の人とは話ができない人、そういう人の目を盗み、ごまかすことくらい、お茶の子さいさいではありませんか？

つまり、そういう世界は不実や、いかさまが大いに活躍し、まかり通る世界なのです。嘘、偽り、ごまかし、ペテンには中身がありません。それを裏付ける実質がないのです。

一例として、お金を出してなにがしかのものを買ったとしましょう。箱に入れて渡してくれました。しかし、買ったものの中には何も入っていません。それは中身のない空の箱だったのです。

つまりあるのは殻だけだったのです。体裁、見せかけだけがあった、いえ、体裁と見せかけだけしかなかった、と言うべきでしょうか。

ものに限らず、言葉についても同じことが言えると思います。言葉だけがあった、つまり言ったが、言ったことの内実は伴わなかったという場合です。これが嘘、偽りの世界ということです。

マタイによる福音書（マルコ、ルカによる福音書にも同様のところあり）二三章にはイエスが律法学者やファリサイ派の人々をひどく非難したことが書かれています。それのほとんどはこういうことを指摘した非難でした。ですから、「言うだけで実行しない」とか、何度も「偽善者」と言われているのです。

嘘、偽りは空虚です。中身がありません。それに対して中身がある、実質が伴う、忠実であるのが真《まこと》、真実ということです。

したがって、神を恐れず、自分中心の在り方をしている人の神なき世界は、偽りに満ちた「空なるかな」の世界なのではないでしょうか。そうして築いた大きな財産、つまり「富」も結局は携えず、最後は空手で消え去っていくのみです。これもまた「空なるかな」とつぶやきたくなる現実です。

なぜこのようなことになるのでしょうか？　わたくしたちの世界は果たして、ただ、それだけの世界なのでしょうか？

それだけの世界に住んでいる人もいるかもしれません。そういう人は豊かな富を持って、それに満足している人なのだろうと思います。いえ、大半はそんなものだと思って過ごしているのかもしれません。

それはイエスがかつて、「健康な人に医者はいらない。いるのは病人です」（※1）という言い方をした「健康な人」に当たるのだろうと思います。また、イエスが「子たちよ、神の国に入るのは、なんと難しいことか。金持ちが神の国に入るよりも、らくだが針の穴を通る方がまだ易《やさ》しい」（マルコによる福音書一四章後半〜一五章）と言われた金持ちもそうです。

そして自分（イエス）を必要としている人は、この世の富（※2）の世界からはじかれている人、この世の富だけでは満足できない、空しさを覚える人だと言ったのです。実に「山上の説教」（※3）はそのような人々に向けて発せられたメッセージではなかったでしょうか。

ともかく、何の望みもなく、空しいだけの、生きるのを苦痛とさえ感じる人生、人はそんな人生には耐えられず、もがき苦しまざるを得ません。

伝道者の姿もまた、それだけの人生には耐えられず、そうではない望みに終わっているように見受けられます。希望を見ないでは生きられない、というところでしょう。

また、その空しいだけの人生を送る人には、見える世界を優先し、見える世界を重視する生き方があるように思えます。しかし、大切なことはその見える世界を支える、見えない世界だと思うのです。

それは真、忠、信義といったことです。その見えない世界、すなわち「忠実であるか否か」「真実であるか否か」「信じるに足るか否か」といったところを問い、また扱うのが宗教の世界であり、具体的に個々の人のレベルに下ろしたものが道徳、倫理というものだと思います。

パウロはヘブライ人への手紙で「信仰とは、望んでいる事柄を確信し、見えない事実を確認することです。」（一一章一節）と言っています。見える世界は確かな見えない世界に裏付けされてこそ、価値あるもの、意味あるものとなりうるのです。

ところでイエスは、ヨハネの福音書で「真」「偽」に触れて、次のように言っておられます。この言葉が発せられたのは、イエスに非難された人たち——それは当時のユダヤ社会を率いていた祭司や律法学者、ファリサイ派の人たちでしたが、その非難され、面目を失った人たち――がイエスを殺そうと謀《はか》っているという背景があります。

「あなたたちは、神から聞いた真理をあなたたちに語っているこのわたしを、殺そうとしている。」（ヨハネによる福音書八章四〇節）

「『神があなたたちの父であれば、あなたたちはわたしを愛するはずである。なぜなら、わたしは神のもとから来て、ここにいるからだ。わたしは自分勝手に来たのではなく、神がわたしをお遣わしになったのである。わたしの言っていることが、なぜ分からないのか。それは、わたしの言葉を聞くことができないからだ。あなたたちは、悪魔である父から出た者であって、その父の欲望を満たしたいと思っている。悪魔は最初から人殺しであって、真理をよりどころとしていない。彼の内には真理がないからだ。悪魔が偽りを言うときは、その本性から言っている。自分が偽り者であり、その父だからである。しかし、わたしが真理を語るから、あなたたちはわたしを信じない。あなたたちのうち、いったいだれが、わたしに罪があると責めることができるのか。わたしは真理を語っているのに、なぜわたしを信じないのか。神に属する者は神の言葉を聞く。あなたたちが聞かないのは神に属していないからである。』」（ヨハネによる福音書八章四二〜四七節）

ちなみに悪魔とは人をそそのかして、神から離反させ、人を自分本位に生きる道に追いやった者です。その描写については創世記三章を参照してください。

（※1）マタイによる福音書九章一二節後半、マルコによる福音書二章一七節、ルカによる福音書五章三一節
（※2）単にお金やものだけを指すのではなく、富んでいるもの一切を指す。たとえば権力、名誉、地位なども。
（※3）「山上の説教」とは、キリストがガリラヤ湖畔の山上で行った説教で、その時に説かれた教えは次の通り。
「心の貧しい人々（心が満たされてない、空である人びと）は、幸いである、
天の国はその人たちのものである。
悲しむ人々は、幸いである、
その人たちは慰められる。
柔和な人々は、幸いである、
その人たちは地を受け継ぐ。
義に飢え渇く人々は、幸いである、
その人たちは満たされる。
憐れみ深い人々は、幸いである、
その人たちは憐れみを受ける。
心の清い人々は、幸いである、
その人たちは神を見る。

平和を実現する人々は、幸いである、
その人たちは神の子と呼ばれる。
義のために迫害される人々は、幸いである、
天の国はその人たちのものである。
わたしのためにののしられ、迫害され、身に覚えのないことであらゆる悪口を浴びせられるとき、あなたがたは幸いである。喜びなさい。大いに喜びなさい。天には大きな報いがある。あなたがたより前の預言者たちも、同じように迫害されたのである。」（マタイによる福音書五章三～一二節）

ルカによる福音書の同箇所には次のような文章が付いている。


「しかし、富んでいるあなたがたは、不幸である、あなたがたはもう慰めを受けている。今満腹している人々、あなたがたは、不幸である、あなたがたは飢えるようになる。

今笑っている人々は、不幸である、あなたがたは悲しみ泣くようになる。

すべての人にほめられるとき、あなたがたは不幸である。この人々の先祖も、偽預言者たちに同じことをしたのである。」

（ルカによる福音書六章二四～二六節）

# 第２章

# 罪がわからない

## 一、罪がわからない

キリスト教では人が〝罪人〟とか〝罪を犯した〟などの表現をされます。キリスト教の中身を何も知らない人からすると、これがどうも不可解なのです。

わたしはかつて、ある人が「キリスト教はわたしたち人間を〝罪人〟というから嫌いだ」と言うのを耳にしたことがあります。正義感に燃えて、真面目に生きている人ほど、そう感じるのではないでしょうか。

わたくしも、最初はなんで自分が「罪人」なのかわかりませんでしたし、「罪人」などといわれること自体が不愉快で、良い気がしませんでした。「わたし、なにも悪いことをしてないのに」というのが率直な感情でした。それが法律に違反したという意味での「罪人」ではないということを実感し、納得するまでには、長い時間が必要だったように思います。

「罪人」の意味を実感し、納得するには、ありのままの人がいかなる者なのか、どのような状況下にあるのかということを、キリスト教によって知る必要があったのです。それは、人間のみでは自覚することが難しいことのように思われます。

キリスト教（小池辰雄先生は「キリスト道と言いたい」と言われた）でいわれている罪人というのは、どこかの、あるいはどこそこの国の法を破ったという意味での罪人ではない、ということです。

もっと根源的な、国などという枠を超えた、神様が創造した「ひと」という次元、その在り方において罪人だということなのです。ですから、この罪人と言っているのは国家でも、それぞれの国の役人でもありません。人を創造されたとされる方、つまり今我々が創造主とも、神とも呼んでいる御方なのです。ですから、すべての人に当てはまると言うことができます。

そして、「罪」とは何なのか、人はなぜ「罪人」といわれるのか、ということがわからない限り、キリスト教はまず、わからないと思ってください。

## 二、原罪と呼ばれるもの

旧約聖書の創世記には次のように表現されている箇所があります。

「主なる神は人を連れて来て、エデンの園に住まわせ、人がそこを耕し、守るようにされた。主なる神は人に命じて言われた。『園のすべての木から取って食べなさい。ただし、善悪の知識の木からは、決して食べてはならない。食べると必ず死んでしまう。』」（創世記二章一五～一七節）

「主なる神が造られた野の生き物のうちで、最も賢いのは蛇であった。蛇は女に言った。『園のどの木からも食べてはいけない、などと神は言われたのか。』

女は蛇に答えた。

『わたしたちは園の木の果実を食べてもよいのです。でも、園の中央に生えている木の果実だけは、食べてはいけない、触れてもいけない、死んではいけないから、と神様はおっしゃいました。』

蛇は女に言った。

『決して死ぬことはない。それを食べると、目が開け、神のように善悪を知るものとなることを神はご存じなのだ。』

女が見ると、その木はいかにもおいしそうで、目を引き付け、賢くなるように唆《そそのか》していた。女は実を取って食べ、一緒にいた男にも渡したので、彼も食べた。二人の目は開け、自分たちが裸であることを知り、二人はいちじくの葉をつづり合わせ、腰を覆うものとした。」(創世記三章一～七節)

「主なる神はいわれた。

『人は我々の一人のように、善悪を知る者となった。今は、手を伸ばして命の木からも取って食べ、永遠に生きる者となるおそれがある。』

主なる神は、彼をエデンの園から追い出し、彼に、自分がそこから取られた土を耕させることにされた。

こうしてアダムを追放し、命の木に至る道を守るために、エデンの園の東にケルビムときらめく剣の炎を置かれた。」(創世記三章二二～二四節)

創世記のこのような記述を、日本の神話になぞらえる人がいます。またある人はおとぎ話のように、絵空事のように受け取っています。しかしわたくしは、ここでいかに表現されているかよりも、それが伝えようとするものにこそ、大切な意味があると思います。

ここはいわゆる楽園追放とか堕落とかいわれる箇所です。しかし、ここには大変重要なことが示されていると思います。

人が神の命《めい》に背いて善悪の知識の木の実を食べたということ、そうすると見方（観方）が変わったということ、自分で判断し神のように主体的に生きる存在になった、しかし、永遠の命は失った、ということなどが、ここから読み取れるのではないでしょうか。

わたくしはよく「アダムで失われ、キリストで回復され」という話をします。これは、パウロがローマの信徒への手紙五章一二～二一節に書かれていることがもとになっています。ここでは一七～一八節を提示しておきます。


「一人の罪によって、その一人を通して死が支配するようになったとすれば、なおさら、神の恵みと義の賜物とを豊かに受けている人は、一人のイエス・キリストを通して生き、支配するようになるのです。そこで、一人の罪によってすべての人に有罪の判決が下されたように、一人の正しい行為によって、すべての人が義とされて命を得ることになったのです。」（ローマの信徒への手紙五章一七～一八節）

わたくしが「アダムで失われ、キリストで回復され」と話すのは、このエデンの園のエピソードに由来しているのです。これはまた、神と人との離別・離反の始まりでもあります。

人はここで、己が主である（その実は錯覚である）という「目」を獲得します。自分本位という観点です。

神を離れて自分本位でいろいろと判断し、自分の思いで（偽神《にせがみ》となって）生きる道に踏み出したのです。それはほかでもなく、自分を神のような最も大切な価値あるもの、自分を一番重要視して、最高の位置につける思いであり、判断なのです。

つまり、自分を最高者として振る舞い、自分の望むままに、自分の思いを遂げようとする生き方をすることになったのです。ここに罪が生じたのです。こういう目になってしまった人は気づけないかもしれませんが、キリスト教の創造主なる神から見れば、それは大きな錯覚、勘違い、過ち、誤謬《ごびゅう》なのです。

新約聖書でヨハネは「神には暗いところが一切ありません」と書いています。その部分を紹介しておきましょう。

「わたしたちがイエスから既に聞いていて、あなたがたに伝える知らせとは、神は光であり、神には闇が全くないということです。」（ヨハネの手紙一、一章五節）

というのも、世界を造り賜うた神には暗いところがない、といわれているように、一切を創造された御方（無から有を生じた者――神）には、一切は手の内のことなのです。「わからない」「見えない」「影のように暗い」ところはないということです。

それに比べて、人間にはわからないことばかりです。ですから有史以来、人はこの世界を、そのありとあらゆる分野を探究し続けているのではありませんか。

ですから人が「この世の主《あるじ》の位置に立つ」などということは神様にとってちゃんちゃらおかしいことなのです。大きな思い上がりであり、許し難い傲慢というものになります。この出発点が間違った過ちの生が、実りをもたらすものではないことは容易にお察しいただけると思います。

なお、「出発点が間違った」とはアダムとイブの神への背きによって、自分本位に立つ生き方をするようになったことです。神本位から人本位になったことを指します。

人間は一時的な存在者としてしかとどまることができません。ずっと永続するのには堪えられないのです。つまり、誤ったもの、間違ったものは破綻する。だから一時的には持っても、真なるものでも本物でもないから、ずっと持続、つまり永続するのは堪えられないのです。

旧約聖書をご覧ください。そこには人が自分本位に、てんで勝手に、自分の道を行き、結局迷っている者であること、神を蔑ろにする思い上がった存在であること、儚《はかな》い一時的な存在者でしかないことが、いやというほど書かれているではありませんか。

「神を知らぬ者は心に言う
『神などない』と。
人々は腐敗している。
忌むべき行いをする。
善を行う者はいない。
主は天から人の子らを見渡し、探される
目覚めた人、神を求める人はいないか、と。

だれもかれも背き去った。

皆ともに、汚れている。

善を行う者はいない。ひとりもいない。」（詩編一四編一〜三節／詩編五三編二〜四節）

「あなたに逆らう者がわたしを虐げ、貪欲な敵がわたしを包囲しています。

彼らは自分の肥え太った心のとりことなり、口々に傲慢なことを言います。

わたしに攻め寄せ、わたしを包囲し、地に打ち倒そうとねらっています。

そのさまは獲物を求めてあえぐ獅子、待ち伏せる若い獅子のようです。」（詩編一七編九〜一二節）

「神に逆らう者に罪が語りかけるのが、わたしの心の奥に聞こえる。
彼の前に、神への恐れはない。
自分の目に自分を偽っているから、自分の悪を認めることも、
それを憎むこともできない。
彼の口が語ることは悪事、欺き。

決して目覚めようとも、善を行おうともしない。
床の上でも悪事を謀り、常にその身を不正な道に置き、
悪を退けようとしない。」（詩編三六編二～五節）

「主よ、逆らう者はいつまで、
逆らう者はいつまで、勝ち誇るのでしょうか。
彼らは驕った言葉を吐き続け、
悪を行う者は皆、傲慢に語ります。
主よ、彼らはあなたの民を砕き、
あなたの嗣業《しぎょう》を苦しめています。
やもめや寄留の民を殺し、
みなしごを虐殺します。
そして、彼らは言います、
『主は見ていない。ヤコブの神は気づくことがない』と。
民の愚かな者よ、気づくがよい。

無知な者よ、いつになったら目覚めるのか。
耳を植えた方に聞こえないとでもいうのか。
目を造った方に見えないとでもいうのか。
人間に知識を与え、国々を諭す方に、
論じることができないとでもいうのか。
主は知っておられる、人間の計らいを
それがいかに空しいかを。」（詩編九四編三～一一節）

「『教えてください、主よ、わたしの行く末を、
わたしの生涯はどれ程のものか、
いかにわたしがはかないものか、悟るように。
御覧ください、与えられたこの生涯は、
僅か、手の幅ほどのもの。
御前には、この人生も無に等しいのです。
ああ、人は確かに立っているようでも、

すべて空しいもの。
ああ、人はただ影のように移ろうもの。
ああ、人は空しくあくせくし
だれの手に渡るとも知らずに積み上げる。

主よ、それなら、
何に望みをかけたらよいのでしょう。
わたしはあなたを待ち望みます。
あなたに背いたすべての罪からわたしを救い、
神を知らぬ者というそしりを、受けないようにしてください。
わたしは黙し、口を開きません。
あなたが計らってくださるでしょう。

わたしをさいなむその御手を放してください。
御手に撃たれてわたしは衰え果てました。

あなたに罪を責められ、懲らしめられて、
人の欲望など虫けらのようについえます。
ああ、人は皆、空しい。

主よ、わたしの祈りを聞き、
助けを求める叫びに耳を傾けてください。
わたしの涙に沈黙していないでください。
わたしは御もとに身を寄せる者
先祖と同じ宿り人。

あなたの目をわたしからそらせ、
立ち直らせてください
わたしが去り、失われる前に。」（詩編三九編五～一四節）

ざっと見ただけでもこんな次第です。人が神を蔑ろにする思い上がった存在であること、一時的な儚《はかな》い存在者でしかないことが、繰り返し書かれています。

このような人は、どのようにあろうとし、何を望み、いかに振る舞うことになるのでしょうか？　それは自己本位、つまり神から離れ、自分勝手に歩み、自分を最も価値ある者として尊重する、ということです。

そういう人は他の人を自分より劣った者と見なし、あるいは見なしたいために、他の人を尊重しようとしません。たいてい本人は無自覚にそういう態度をとってしまっているのです。要するに、その振る舞いは他人を見下し、支配しようとするものになるのです。

それは自分の望むままに振る舞い、自分の思うままにしたいからです。その他人に欲するところは使用人とも従属物とも受け取られるようなもので、とにかく隷属してほしいというのが本音です。

しかし、相手もまた、基本的にそういう人であるのです。そこに何が起こるかといいますと、覇権《はけん》争いです。挑み合っては闘争を繰り広げるのです。こういう人間の関係は敵対関係となっています。

これが、自己中心、自己本位であり、自分を一番に尊び、自分を誇りたい人の視線です。そういう立場を採らざるを得ないのです。これが罪人たちの住んでいる世界なのです。

自分を一番とする人たちの間は憎み合う敵対関係となっていますから、他人への尊重や愛はありません。その人の見えない内なる構造は関わる人間たちを縦列化したものであり、自分はその中のどこに位置するのかが問題となります。

上になればなるほど、自由で自分の思い通りになり、下位になればなるほど、従属が求められます。ですから、みな一番を目指します。

それを精神面で見ますと、上の者にはへつらうが、下の者には尊大な態度をとります。妬《ねた》む、驕《おご》る、媚《こ》びる、虐げる、道徳的には嘘をつく、偽る、出し抜く、裏切る……などの行為が出てくるところとなるのです。

そうなりますと心の内は穏やかでいられません。いつもイライラ、ビクビク、ヒヤヒヤで、気の休まるところがありません。恐怖、心配、敵意、憎しみ、不安、そういった感情で占められることになります。

そういう世界は結果として、苦痛や悲惨が伴います。端的に、典型的にいうと、そういうことになります。

しかし、現実の社会では、これらの構造がごまかされたり、はぐらかされたり、隠されたり、包まれたりしていますから、ストレートには見えてこないところがあります。しかし、それが罪人の基本であり、確固として立っているところに変わりはありません。

それを具体的な姿や行動で見てみましょう。罪人である人には自分の主張ばかりがあって、他人の言《げん》に耳を貸す態度が見られません。言い立てる口だけがあって、聞く耳がない、というわけです。そこには、相手への配慮がありません。

また、権利は主張するが、義務の遂行がない、あるいは権利は与えないが、義務だけは負わせるといった態度です。

奪うばかりで、施すことがない、求めるばかりで、与えることがないという姿にもなります。助けてもらうことばかりで助けてあげることはない、自分の荷は軽くしてもらうが、他人の荷は重くするだけ、といった具合です。

なにせ、その人の心の中の構造は、自分だけが尊い者、値打ちのある者、となっていますから。

これらの姿に気づかされると、罪人というものは一方通行の半端者、出来損ないの欠陥人間だといわねばならないでしょう。その特徴は一方的、命令的、わがまま、ワンマン、強制的、威圧的、抑圧的、暴力的である、などです。

これが自分を一番とする人、つまり自分をこの世の支配者と勘違いして、誤った認識の法則、つまり罪と死の法則とパウロが言ったところの上に立っている罪人の姿なのです。しかし、そうとは思わず、つまり自覚することなく、人は自分の半端な知識、半端な情報で物事を判断し、人を処断してしまうのです。これが、「まるで神のように善悪を知るものとなる」と創世記にある通りの実態なのです。

人は自分を拠り所としている限り、偏見を免れることはできません。正当を得ることはとても難しいと言わねばなりません。誤謬、誤解、偏見、錯覚に満ち満ちた存在であるにもかかわらず、それに自分では気づけない存在でもあるというところが厄介なのです。

ここでイエスが「罪がある」と言い放った場面を見てみることにしましょう。その部分全部を引用すると長くなりますので、背景を要約させていただきます。

イエスは生まれつきの盲人を癒して、目が見えるようにします。生まれつきの盲人である場合、その当時は、その人の先祖やその人の罪と深く結び付けて考えられていました。次々と困った人を助けたり、病気を癒したりしていったイエスには、多くの民衆が引きつけられて、ついてきていました。

それまで民衆を率いて教え導き、リーダーの役割を果たしていた祭司や律法学者、またファリサイ（パリサイ）派の人たちは、イエスにすっかり人気を奪われ、面目を失います。イエスを邪魔者として排除したいと考え、画策するようになっていきます。

「彼（生まれつきの盲人だった人）は答えて言った。『あの方（イエス）がどこから来られたか、あなたがご存じないとは、実に不思議です。あの方は、わたしの目を開けてくださったのに。神は罪人の言うことはお聞きにならないと、わたしたちは承知しています。しかし、神をあがめ、その御心を行う人の言うことは、お聞きになります。生まれつき目が見えなかった者の目を開けた人がいるということなど、これまで一度も聞いたことがありません。あの方が神のもとから来られたのでなければ、何もおできにならなかったはずです。』彼ら（ファリサイ人）は、『お前は全く罪の中に生まれたのに、我々に教えようというのか』と言い返し、彼を外に追い出した。

イエスは彼が外に追い出されたことをお聞きになった。そして彼に出会うと、『あなたは人の子を信じるか』といわれた。彼は答えて言った。『主よ、その方はどんな人ですか。その方を信じたいのですが。』イエスは言われた。『あなたは、もうその人を見ている。あなたと話しているのが、その人だ。』彼が、『主よ、信じます』と言って、ひざまずくと、イエスは言われた。『わたしがこの世に来たのは、裁くためである。こうして、見えない者は見えるようになり、見える者は見えないようになる。』イエスと一緒に居合わせたファリサイ（パリサイ）派の人々は、これらのことを聞いて、『我々も見えないということか』と言った。イエスは言われた。『**見えなかったのであれば、罪はなかったであろう。しかし、今、［見える］とあなたたちは言っている。**だから、あなたたちの罪は残る。』」（ヨハネによる福音書九章三〇～四一節）

さて口語訳聖書では、終わりの四行は次のようになっています。

「そこにイエスと一緒にいたあるパリサイ人たちが、それを聞いてイエスに言った。『それでは、わたしたちも盲人なのでしょうか』。イエスは彼らに言われた、『もしあなたがたが盲人であったなら、罪はなかったであろう。しかし、今あなたがたが**［見える］と言い張るところに、**あなたがたの罪がある。』」

本当には見えていないのに、見えていると主張しているファリサイ派の人たちの我執、傲慢、つまり謙虚さのなさを、イエスは指摘されていると思います。

そこにはあくまで己を立て、自分にこだわり、自分を肯定し、自己主張し通す我の強い姿が見られます。そこには人でしかない自分の身をわきまえない傲慢があると思います。他人に耳を貸さず、他の人を否定し、斟酌《しんしゃく》しないで我を通す罪人の姿を見ることができます。

絶対的肯定、これは人にはあるまじき行為、つまり絶対者にしか採り得ない態度なのではないでしょうか。かつてイエスは、

「『姦淫するな』と言われていたことは、あなたがたの聞いているところである。しかし、わたしはあなたがたに言う。だれでも、情欲をいだいて女を見る者は、心の中ですでに姦淫をしたのである。」（口語訳、マタイによる福音書五章二七～二八節）

と言われました。さすれば、わたくしにはキリストが次のようにも言われる声が聞こえるような気がするのです。「他人の声に耳を貸さず、他人を無視し、否定し、他人に配慮せずに生きる者は、他人を憎み、虐げ、抹殺したのと同じことなのだ」「それ故にあなたは

罪人なのである」と。

## 三、人はみな自分の奴隷を求めている

みなさん、「人はみな自分の奴隷を求めている」というこのテーマにショックを受けますか？

ノルウェーの哲学者ヨースタイン・ゴルデルさん（『ソフィーの世界』の著者）という方が、テレビのインタビューに答えて、「今やこの時代において、奴隷制度というものを肯定する人はいません。ですから考え方にも変遷発展があり、思索する、哲学するということによっても時代や世界に貢献することは可能であると考えます」というようなことをおっしゃっていました。

今、社会制度として奴隷制度というものを持っている国はどこにもありません。しかし、過去においてはそれがごく普通であった時代がありました。ローマ時代のあの有名なガレー船を漕いだのは戦って負けて奴隷となった人たちだということはよく知られたところです。

イスラエルに、「マサダの砦《とりで》」というところがあります。六六年～七三年にローマ帝国とローマのユダヤ属州のユダヤ人との間で行われた戦争で、ユダヤ人たちが最後に立てこもった所です。なかなか陥落しないことに業を煮やしたローマ軍は、それまでの戦いで破れて奴隷となっていた同じユダヤ人を使って攻めさせたのです。

結局マサダに立てこもっていた九六〇人のユダヤ人たちは屈して奴隷となるのを望まず、自由人である誇りを保って自決し果てたのです。

奴隷の存在は人類の歴史上の一時代だけであったのかというと、そうではありません。むしろ結構長い時代に及んでいたと思うのです。

アメリカの南部の綿花を摘んでいたのはアフリカから連れてこられて奴隷とされた人たちでした。これなど人類の長い歴史から見たら、ほんの最近のことと言えるのではないでしょうか。

なにもよその国に例を取るまでもなく、この日本においても事情は同じです。地主と小作の関係が解消されたのは一九四五年の「農地改革」であり、つい最近のことです。

確かに奴隷という言葉は使われてはいません。しかし、農奴《のうど》という言葉は洋の東西を問わず用いられています。このように考えてみると人類の歴史上、相当支持されていたこの奴隷制度というものは、人間の本性によく合致していたのではないかと思うのです。

そもそも奴隷というのは人であって人ではありません。というより人でありながら、人としての権利を奪われ、誰かの所有物、従属物として扱われます。家畜や道具と同じ扱いです。

主体としての自分は持てず、誰かの下に所属し、その指示によって用いられるのです。そして用いられた結果、生み出されたもの、得られたものは、己に属しません。所有している誰かのものになります。たとえ自分がその労力でもってもたらした生産であってもです。

そこには支配する者と支配されるものという見えない縦の構図があります。支配と従属といえばわかりやすいでしょうか。それはまた搾取するものとされるもの、という構図でもあります。

ところがこの構図が人の中にも存在する、ということを、わたしはあるときから感じるようになりました。人の中にエゴが居座っている限り、自分本位という在り方になっている限り、支配と従属という構図になっていることがわかったのです。

自分本位というのは自分を頂点に置いた縦の序列の中に、他のものを位置づけるものです。ところがそれを実現するためには、それを阻むものとは争わなければなりません。相手が強力、強権であれば、他者は配慮されなければならない存在であるはずです。強力で、強権を持った他者は、恐れをもって見上げる存在となります。そうでないものは見下して虐げる存在となるのです。こういう世界は、もうまさしく弱肉強食の世界でしかありません。

そこで生き抜くには強くなければならず、上に立たなければなりません。つまり、権力だったり、財力だったり、知力・能力だったりをもって優位に立たなければならないのです。

したがって、そこではいつも位置づけをめぐる争いがあり、だました者が、欺いた者が、声高に主張する者が、強情に言い張って譲らない者が、脅しや暴力でもって打ち伏せる者が、権威を振りかざす者が優位になります。そして支配と従属の関係を打ち立て、搾取する者とされる者になります。罪人の世とはこういう構造になっている世界なのです。

## 四、原罪と呼ばれる元凶

罪は様々な悪をもたらす元凶である、ということ、その最大かつ根本的なものが「この世を造った神を主《あるじ》にしないで、自分がこの世の主であるかのごとく錯覚し、思い上がった人の心」だということを述べてきました。

今まで述べた闇にうごめく様々な悪が、実はこのボタンのかけ違い（創造主を世界の主《あるじ》とせず、創造された人が世界の主となってしまったこと）から生じていました。そのことを考えますと、再度「ボタンのかけ違いから生じた」という点をしっかり押さえてから、闇の中でうごめく諸悪の様相へと話を進めていくべきでありましょう。

先の項で取り上げましたように、人類の祖であるアダムたちは神の命令に背く、という背信の罪を犯してしまいました。これによって神の義は貫かれなくなり、自分を世界の主《ぬし》に据えた人は、てんで勝手に、自分の部分的で浅はかで、偏狭な自らの知恵で歩むところとなりました。

このことが多くの間違い、不当、不法、不義を生むことになったのです。人々の住む世界から平和、平安、満足、充実を奪い、その代わりに世界を、ありとあらゆる悪による苦しみ、悲しみ、痛みを与えるところにしてしまったのです。

神を蔑ろにして、自分をその神の位置に置くという無自覚な間違いや勘違い、自分が世界の主であるかのように一切を自分本位に、自分の都合のよいように考え、振る舞おうとすることこそ、一番愚かしいことなのです。そういう人のありさまこそが、元凶なのです。この最初にして根本の間違いが他の一切を狂わせる原因なのです。

なお、「最初にして根本の間違い」について説明しておくと、アダムとイブが蛇のそそのかしに乗って、神の命令に逆らい、その結果、創られた者である人の不確かで相対的な知識や知恵でもって主体的に歩むこと、互いに挑み合い、競い合い、争い合うことです。神から離れ、主体となったそれぞれの人間がこの世の主として生きることです。

旧約聖書からの長い歴史の中で、神が人に求め続けてきたこと、それは「わたしが神であり、この世の主だよ、そうしなさいよ」ということだと言えるでしょう。「神の愚かさは人よりも賢く、神の弱さは人よりも強いからです。」（コリントの信徒への手紙一、一章二五節）といわれているように、神の能力と人の能力とでは雲泥《うんでい》の差があるのです。

もし人がこの世の主であるなら、この世のすべてに通じているはずです。しかし、人は人類史始まって以来、依然として、この世を造った神の創造の業《わざ》を調査、探究し続けているというのが実態ではありませんか。ですから人は実におかしな思い違いをしているにもかかわらず、それに気づかないままでいるのです。

では、神を神の座に置き、これを敬うというまれなる恵みにあずかった人の、そのありさまはどうなるのでしょうか。神は神を、人は人を正当な位置に置くことで、神の創造された元の秩序が回復するのです。そしてその人のとる態度がまずは神の御心、御意向をうかがう謙虚さをもって生きることになりますから、人の浅はかな知恵による暴走をとどめることができます。

今日の地球温暖化の問題や自然破壊による気候の変動、はたまた地球を何度も破壊できるだけの核兵器の存在など、まさに人間が神の創造や神の知恵を蔑ろにした行為と言えるのではないでしょうか。神の創造の秩序を蔑ろにして人間たちが自分勝手に好きなように振る舞った場合、かえって自分の首を絞め、滅びを招く愚を犯すことになるでしょう。

神の法や秩序が優先されるならば、人の愚かさは、滅びを免れるだけの小さな範囲にとどめられるのではないでしょうか。

ではこの世を、人を、はたまたその他大勢の生きものを造った神の存在というものを考えることなく、自らがこの世の主人公となった人間のありさまというものは、いかなるものになるのでしょうか。それを再度しっかりと認識したいと思います。

全体者、あるいは絶対者としての力を持たない者が、透視できる範囲というものは限られたものです。それはほんの一部、一時的かつ部分的なものになるでしょうから、全体を見通す視野と比べたら、当を得たものであるとはとても言い難いものとなります。つまり本当なのかどうか、あるいは正当なのかどうかわからない、ということです。

そこで、ああしたり、こうしたり、うまくいかなくて変更したり、意見が違って争ったり、戦ったりということが出てくるのだと思います。こういうところを考えますと、つくづく人はおのが有限性を悟って、謙虚であるべきだと自覚させられるのです。

聖書を読んでいますと、神様が人間の自惚《うぬぼ》れ、意固地さ、頑固さ、傲慢・高慢といったものに手を焼き、嫌い、責めているのがよく感じられるのですが、さもあらんという気がします。

そして自分本位の人間というのは、自分をこの世の中心に据え、何もかもを自分にとって都合よくしようとすること、そうした生き方に集約されます。誰もかれもがそのような在り方をするのですからあっちでぶつかり、こっちでぶつかり、ケンカや戦争に明け暮れることとなります。それはいうまでもなく、今までの長い人類の歴史が証明しています。そうなりますと、そこで通用するのは、正義ではなく、力です。力のないものは抑えられ、従わされます。ですから人々は何をおいても、力をつけようとするのです。現代の様相もまた、このルールに倣っていると納得できます。

軍隊の増強はとどまるところを知らず、それをもって相手をねじ伏せ、強引な変更を迫る、核兵器を保持することがステータスのようになって、軍縮どころか軍拡を競う、そのような世界となるのです。

そのためには義は置き去りにされ、嘘、ペテン、だまし、裏切り、恫喝《どうかつ》、何でもありの物騒な世の中となります。なにせ自分が大将でなければ気が済まない構造になっていますから、邪魔になるものは片付けます。

余談ですが、わたくしはかつて夫婦ゲンカはどちらの言い分が正当か否かではなく、どちらがイニシアティブを取るか否かの争いだと聞いて、「なるほど」と思ったことを覚えています。

つまり、この世界（神を蔑ろにする罪人の世界）では、存在するものすべてにおいて、ピラミッド型の縦型の世界が形成されるのです。そして上に行けば行くほど、自由で好き勝手になる、ということです。反対に下になればなるほど、抑圧され、搾取され、不自由になります。支配し、支配される、従属させ、従属する、こういう構造の世界です。

人生を思うがままに謳歌する人たちがいる一方で、抑圧、束縛、搾取されて喘ぐ人たちがいることになります。そうすると、誰もが上に位置することを目指しますから、人と人は敵対し、罠を仕掛け合い、策を弄し、裏切ったり出し抜いたり、憎み合って権力闘争に明け暮れることになります。

そうすると、人心は乱れ、不信、不安、恐れで疲弊する日々を送らざるを得なくなります。平穏で安らかな日々は奪われてしまうでしょう。

ところで、マリアが天使のお告げによって自分が神の子を身ごもることを知らされ、従ったとき、イエスの山上の説教に通じる「マリアの賛歌」と呼ばれる美しい感慨を告白しています。その箇所を見てみましょう。

わたしの魂は主をあがめ、
わたしの霊は救い主なる神をたたえます。
この卑しい女をさえ、心にかけてくださいました。

今からのち代々の人々は、わたしをさいわいな女と言うでしょう。
力あるかたが、わたしに大きな事をしてくださったからです。
そのみ名は清く、
そのあわれみは、代々限りなく
主をかしこみ恐れる者に及びます。
主はみ腕をもって力をふるい、
**心の思いのおごり高ぶる者を追い散らし、**
**権力ある者を王座から引きおろし、**
**卑しい者を引き上げ、**
**飢えている者を良いもので飽かせ、**
**富んでいる者を空腹のまま帰らせなさいます。**
主は、あわれみをお忘れにならず、
その僕イスラエルを助けてくださいました。
わたしたちの父祖アブラハムとその子孫とを
とこしえにあわれむと約束なさったとおりに。（口語訳、ルカによる福音書一章四六～

五五節）

太字にしたところに注目してください。ここには人を主《あるじ》とした世界から神を主とした世界への転換が示唆されています。

人と人とが真に平等な世界、男と女とが真に対等な世界がここでは展望できるのです。それは人それぞれが神とのみ垂直な関係を持っており、人と人とは上も下もなく、信頼と愛によって互いに尊重し、調整される世界なのです。

## 五、罪人の自覚

さて、キリスト教に近づくには自分が罪人だという自覚が重要なポイントとなります。キリスト教はこれが根底にあり、この土台の上に成り立っていると言っても過言ではありません。

ところが第２章の冒頭で述べたように、日本人にはここが理解できません。日本でキリスト教が根づかないのは、ときの権力者の政権運営に脅威を与え、徹底的弾圧によって排除されたこと、ご利益《りやく》宗教ではないこと、などにあると思います。また、この「罪」、キリスト教で言う「原罪」の概念が理解されていないところに、日本でキリスト教が根づかない理由があると、わたくしは思っています。

多くの日本人の感覚としては、「何で罪人なのか？」ということなのです。「わたしは悪いことをした覚えがないのに」ということです。ですから「罪人と言われても、そんな自覚が持てない、そんな勝手な言いがかりはやめてくれ」ということになるのです。

そんな状態でキリスト教が受け入れられるわけがありません。「そんな覚えのないことに責任はとれない」というのが偽らざる気持ちです。これが人間の側の言い分であり、立場なのです。

しかし、神の立場、神の側からの人間の姿の説明ではそうではありません。先ほどの「罪人」という立場なのです。

もっと神の言い分に耳を傾けてみますと、「汝、造りたる我から離れ、さ迷い出て、有限で不完全な人としての自分の裁量で自分本位に、自分勝手に歩み、他の人を顧みないで、世の中に不公平、不愉快、不幸をもたらしている罪人となってしまった」というところでしょうか。「わたしはそんな風にあなたがたを造ったのではない」と言いたいことでしょう。

創世記を読んでみてください。そこにはまず神があって、天地を創造したことが書かれています。そして、細部にわたって様々なものを創造し終えたとき、神は満足されて、すべてのものを祝福されています。

「神はお造りになったすべてのものを御覧になった。見よ、それは極めて良かった。夕べがあり、朝があった。第六の日である。天地万物は完成された。第七の日に、神は御自分の仕事を完成され、第七の日に、神は御自分の仕事を離れ、安息なさった。この日に神はすべての創造の仕事を離れ、安息なさったので、第七の日を神は祝福し、聖別された。これが天地創造の由来である。」（創世記一章三一～二章四節）

そして御自分が創造されたものを、その度に祝福しています。もともとすべてのものは良きものとして祝福されていたのです。

改めて、人の創造の箇所を見てみましょう。

「神は言われた。『我々にかたどり、我々に似せて、人を造ろう。そして海の魚、空の鳥、家畜、地の獣、地を這うものすべてを支配させよう。』神は御自分にかたどって人を創造された。神にかたどって創造された。男と女に創造された。神は彼らを祝福して言われた。『産めよ、増えよ、地に満ちて地を従わせよ。海の魚、空の鳥、地の上を這う生き物をすべて支配せよ。』」（創世記一章二六～二八節）と。このように、人も祝福されていたのです。それなのになぜ、呪われるべき存在となってしまったのでしょうか。

それは神を離れ、不十分、不完全な人であるのに、自分の裁量で、自分本位に、自分勝手に歩んで迷走する存在となったからです。

要所をピックアップします。

「主なる神は人を連れて来て、エデンの園に住まわせ人がそこを耕し、守るようにされた。主なる神は人に命じて言われた。『園のすべての木から取って食べなさい。ただし、善悪の知識の木からは、決して食べてはならない。食べると必ず死んでしまう。』」（創世記二章一五～一七節）

「主なる神が造られた野の生き物のうちで、最も賢いのは蛇であった。蛇は女に言った。

『園のどの木からも食べてはいけない、などと神は言われたのか。』女は蛇に答えた。『わたしたちは園の木の果実を食べてもよいのです。でも、園の中央に生えている木の果実だけは、食べてはいけない、触れてもいけない、死んではいけないから、と神様はおっしゃいました。』蛇は女に言った。『決して死ぬことはない。それを食べると、目が開け、神のように善悪を知るものとなることを神はご存じなのだ。』女が見ると、その木はいかにもおいしそうで、目を引き付け、賢くなるように唆《そその》していた。女は実を取って食べ、一緒にいた男にも渡したので、彼も食べた。二人の目は開け、自分たちが裸であることを知り、二人はいちじくの葉をつづり合わせ、腰を覆うものとした。」（創世記三章一～七節）

その続きでは神と人とのやりとりがあり、女と男、それぞれに苦しむことになることが告げられます。そして、

「主なる神は言われた。『人は我々の一人のように、善悪を知る者となった。今は、手を伸ばして命の木からも取って食べ、永遠に生きる者となるおそれがある。』主なる神は、彼（アダム）をエデンの園から追い出し、彼に、自分がそこから取られた土を耕させるこ

とにされた。こうしてアダムを追放し、命の木に至る道を守るために、エデンの園の東にケルビムと、きらめく剣の炎を置かれた。」（創世記三章二二～二四節）

こうして、園の中央にあった二つの木、善悪を知る木と命の木、その善悪を知る木の実を食べてしまった人の始祖アダムとイブは、人が永遠に生きる道を閉ざしてしまったのです。

さて、この善悪を知る木の実を食べてしまった人は、本当に善悪を知るものとなったのでしょうか？

「人は我々の一人のように、善悪を知るものとなった」とあります。しかし、わたくしはそうは思いません。

「我々の一人のように」とはありますが、「我々と同じく」とは書いてありません。わたくしは、神と人は、似て非なる存在と考えます。

確かに自分で主体的に物事を判断し、行動する、という点では、人間もそうなのだろうと思うのです。しかし、ここには造った者と造られた者、という立場の、決定的な相違があることを忘れてはいけないと思います。

「お前たちはわたしを誰に似せ、誰に比べようとするのか、と聖なる神は言われる。目を高く上げ、誰が天の万象を創造したかを見よ。それらを数えて、引き出された方、それぞれの名を呼ばれる方の、力の強さ、激しい勢いから逃れうるものはない。」（イザヤ書四〇章二五～二六節）

また、これは神と人の、知の違いでもあろうと思うのです。

「手のひらにすくって海を量り、手の幅をもって天を測る者があろうか。地の塵を升で量り尽くし、山々を秤《はかり》にかけ、丘を天秤にかける者があろうか。主の霊を測りうる者があろうか。主の企てを知らされる者があろうか。主に助言し、理解させ、裁きの道を教え、知識を与え、英知の道を知らせうる者があろうか。」（イザヤ書四〇章一二～一四節）

また、新約聖書でヨハネは、前述の通り、「神には暗いところが一切ない」と書いています。しかし我々人間はそういうわけにはいきません。暗いところ、わからないところがいっぱいあるからこそ、わからないことを明らかにするために、研究者や学者の仕事が成り立っているのではありませんか。

一方で、「こんなお伽話《とぎばなし》のような描写を本当のこととして、うのみにすることはできない」と言う人がいます。確かに人知ではその表現にちぐはぐなところも、精密さ・精緻さに欠けるところも、科学的証明に耐え得ないところもあります。

ここで、わたくしの脳裏に浮かぶのは、かつて小学校や中学校で子供たちに読んで聞かせていたお話の本のことです。

そこには熊や山羊や羊、タヌキ、狐、豚など、様々な動物がまるで人間社会の登場人物のように描かれていたりします。また、ありもしないような出来事、『竹取物語』や『桃太郎』のようなおとぎ話があったり、また確かめたことも、確かめようもない領域が描かれている芥川龍之介の『蜘蛛の糸』や斎藤隆介の『花さき山』のような、荒唐無稽な話がたくさんあります。

しかし、これらの話にとって、事実であるかどうか、科学的に証明されるかどうかといったことは大事なことではないのです。そこで何を伝えようとしているのか、その内容、その話の意味するところこそが大切なのです。

ですからわたくしは、この創世記が、またこの箇所で書かれていることが、何を言わんとしているのか、このような描写を通して何を伝えようとしているのか、そのことを読み取ることこそが肝心なのではないかと思います。

ちょっと余談になりますが、考えてもみてください。この地球上の人類の間で語られている言語でさえ数え切れないほどあって、意思疎通に苦労している状態です。

神はどのような言葉を用いられるのでしょうか？　人はそれをどのようにキャッチするのでしょうか？　わたくしは創世記のこの描写で語られようとしていること、伝えんとしていることをつかむこと、そして、結果的にそのことが当たっているかどうかということに心を砕いていきたいと思っています。

そういう観点から見ますと、創世記で表現されている記述を確かめることも、証明することも、否定することも人にはできないと思います。その現場に居合わせた人などいないのですから。

いみじくもヨブに「わたしが大地を据えたとき、お前はどこにいたのか。知っていたというなら、理解していることを言ってみよ。」（ヨブ記三八章四節）と言われているように、そこには決して、人がこの世を造ったなどとは書かれていないのです。土も岩も、木も草も動物も鳥も魚も、月も星も太陽も、決して人が造ったのではないのです。

さて、話を本題に戻しましょう。

こうして自分の裁量で、勝手に歩むところとなった人には、様々な苦労が伴うことになりました。ちょっと想像してみてください。一人一人がまるで神のように自分を中心として物事を考えることになるのです。

自分を中心に、ということは自分を基点に物事を考えるということです。一人一人がこんな風ですから、みなが一致して賛同できるわけがなく、見解の相違、利害の衝突が起き、そこに争い、戦いが生じてきます。

そうすると、どのようにして自分の思いを遂げるかで、出し抜いたり、ごまかしたり、嘘をついたり、陥れたり、脅したり、と策略を弄することにもなります。また各人が自分が一番という立場でいるのですから、他の人を蔑ろにします。そこには抑圧、脅し、虐げ、搾取、強奪や盗み、敵意、憎しみ、怒り、悲しみが襲い、挙げ句の果てには、亡き者にしようと企む殺人へとつながります。

神を尊敬することのない、我が一番になっている人は、どうしても隣人を顧みるより、隣人を憎み、隣人と敵対する構造になっているのです。それどころか、他人を蔑ろにして虐げ、他人に犠牲を強いたりするのです。

他人から様々なもの——お金、物品、財産、権利、知恵や労力——を盗んだり、奪ったり、搾取したりします。そのために他人を恐喝し、抑圧し、虐待し、犠牲にし、損ない、命を削《そ》ぐのです。

これが「我憐憫《あわれみ》を好みて、犠牲《いけにえ》を好まず」（文語訳、マタイ伝福音書九章一三節、もともとはホセア書六章六節に由来する）といわれた神のみこころとは、反対に位置するところとなっている人の姿です。つまり「我、犠牲《いけにえ》を好みて、憐憫《あわれみ》を好まず」の罪人の世界なのです。

それは隣人と敵対し、隣人を憎み、冷酷、非情、残忍となった人の姿です。とどのつまり、こうして人は苦しみの中で生きるところとなったのです。

「地を見渡せば、見よ、苦難と闇、暗黒と苦悩、暗闇と追放。今、苦悩の中にある人々には逃れるすべがない。」（イザヤ書八章二二～二三節）

その後は神を無視し、神のみこころに逆らう人の、自らが引き起こす長い、長い苦しみの歴史が続きます。そしてそのような人に対して、神は絶えずそのような人の姿を映し出しながら、「我に帰れ」と呼びかけ続けるのです。
モーセ五書といわれるものや歴史書を除くと、聖書のほとんどの部分がそのような内容になっていると思います。たくさんあってどこを例示しようかと迷うほどですが、紙面の関係もありますので、五、六例を挙げておくことにします。

「天よ聞け、地よ耳を傾けよ、主が語られる。
わたしは子らを育てて大きくした。
しかし、彼らはわたしに背いた。
牛は飼い主を知り、ろばは主人の飼い葉桶を知っている。
しかし、イスラエルは知らず、わたしの民は見分けない。
災いだ、罪を犯す国、咎《とが》の重い民、
悪を行う者の子孫、堕落した子らは。
彼らは主を捨て、
イスラエルの聖なる方を侮り、背を向けた。

何故、お前たちは背きを重ね、
なおも打たれようとするのか、
頭は病み、心臓は衰えているのに。」（イザヤ書一章二～五節）

「わたしに尋ねようとしない者にも、わたしは、尋ね出される者となり、
わたしを求めようとしない者にも、見いだされる者となった。
わたしの名を呼ばない民にも、わたしはここにいる、ここにいると言った。
反逆の民、思いのままに良くない道を歩く民に、
絶えることなく手を差し伸べてきた。」（イザヤ書六五章一～二節）

「主はこう言われる。

お前たちの先祖は、わたしにどのようなおちどがあったので、遠く離れて行ったのか。

彼らは空しいものの後を追い、空しいものとなってしまった。」（エレミヤ書二章五節）

「裸の山々に声が聞こえる、

イスラエルの子らの嘆き訴える声が。
彼らはその道を曲げ、
主なる神を忘れたからだ。
『背信の子らよ、立ち帰れ。
わたしは背いたお前たちをいやす。』」（エレミヤ書三章二一〜二二節）

「『立ち帰れ、イスラエルよ』と、
主は言われる。
『わたしのもとに立ち帰れ。
呪うべきものをわたしの前から捨て去れ。
そうすれば、再び迷い出ることはない。』」（エレミヤ書四章一節）

こうして気まぐれに近づくかと思えば、また離れていき、あるいは多く、あるいは少なく、人は神から遠く隔たった存在のままなのでした。つまり、人の力で神に近づくことはできなかったのです。

指針としてモーセを通して与えた掟は、いつの間にか骨抜きになり、形骸化した律法をその形だけはかたくなに守る、というようなありさまになっていったのでした。

しかも祭司や律法学者といった民衆の模範となるべき者たちも、本当に民衆を率いる力はなく、ただ己の立場に寄りかかった、この世の法則である利得に振り回されていたのです。

イエスがそのことを指摘しているところを挙げておきます。

「そのころ、ファリサイ派の人々と律法学者たちが、エルサレムからイエスのもとへ来て言った。『なぜ、あなたの弟子たちは、昔の人の言い伝えを破るのですか。彼らは食事の前に手を洗いません。』そこで、イエスはお答えになった。『なぜ、あなたたちも自分の言い伝えのために、神の掟を破っているのか。神は、「父と母を敬え」と言い、「父または母をののしる者は死刑に処せられるべきである」とも言っておられる。それなのに、あなたたちは言っている。「父または母に向かって、〈あなたに差し上げるべきものは、神への供え物にする〉と言う者は、父を敬わなくてもよい」と。**こうして、あなたたちは、自分の言い伝えのために神の言葉を無にしている。偽善者たちよ、イザヤは、あなたたちのこと**

**を見事に預言したものだ。『この民は口先ではわたしを敬うが、その心はわたしから遠く離れている。人間の戒めを教えとして教え、むなしくわたしをあがめている。』」**（マタイによる福音書一五章一～九節、マルコによる福音書七章一～一三節。イザヤ書二九章一三節に由来する）

こうして人々の間の苦しみの声が上がるばかりです。それは新約聖書に記されているように、飼い主のいない羊のように弱り果て、打ちひしがれている姿でした。

「イエスは町や村を残らず回って、会堂で教え、御国の福音を宣べ伝え、ありとあらゆる病気や患いをいやされた。また、群衆が飼い主のいない羊のように弱り果て、打ちひしがれているのを見て、深く憐れまれた。」（マタイによる福音書九章三五～三六節）とある通りです。

ここには人の己による解決はなく、途方に暮れて、うめいている人の姿ばかりがあるように思われます。

第3章

# 神様がわからない

「神」という言葉に対し、みなさんはどのようなイメージを持たれるでしょうか。八百万《やおよろず》の神を持っている日本には、実に多くの、様々な神様がいます。

動物の体をしたもの（狐、蛇、竜など）、何十年、何百年を経た大木の姿に宿るもの、聖人、達人、自然現象を形にしたもの（たとえば雷神・風神）などの神様がいます。七福神などは、やはり人の姿を借りたものと言えるでしょう。

こうして見ると、あるいは万人には万人の神があるのではないかと思ってしまうほどです。

ところで、巷でよく聞く言葉に「イワシの頭も信心から」というのがあります。これは何であっても信心の対象になり得るものだという、言うなれば信仰や信心というものを揶揄《やゆ》した言葉だと思われます。

日本という国は現在、世界でも珍しいくらい、無宗教、無信仰、無神論者が幅を利かせていると思われる国です。しかし、その根底にはこのような信心の危うさ、捕らえどころのない信仰対象、理屈だけでは説明できない様相というものが深く関わっているからだろうと思います。

日本にはこの、信仰を揶揄《やゆ》するときに持ち出される「イワシの頭」だけでなく、動物や植物、森羅万象に至るまで、実に様々なものが信仰の対象となっています。なにせ八百万の神の国なのですから。

しかし、このような信仰は、確かに少々知識をかじり、今日の科学の洗礼を受けた知識人を自称する人たちを納得させることはできないでしょう。

わたしの周りにもいろんな人がいます。しかし、その中にイワシの頭を信仰している人がいたら、わたしはこう尋ねてみたい気持ちに駆られます。「イワシの頭を信じる信仰から何が得られますか？　心の平安が得られますか？」と。

また仏壇の前に毎朝座り、勤行《ごんぎょう》するのを日課にしている人がいました。熱心な信仰者に見えました。

しかし、その人の周りには必ず、その人によって困らされ、虐げられ、泣かされている人がいました。この人の信仰はいったい何なのだろうと思わされたことでした。

「イスラエルの王である主、イスラエルを贖う万軍の主は、こう言われる。わたしは初めであり、終わりである。わたしをおいて神はない。

だれか、わたしに並ぶ者がいるなら、声をあげ、発言し、わたしと競ってみよ。わたしがとこしえの民としるしを定めた日から、来るべきことにいたるまでを告げてみよ。

恐れるな、おびえるな。既にわたしはあなたに聞かせ、告げてきたではないか。あなたたちはわたしの証人ではないか。わたしをおいて神があろうか、岩があろうか。わたしはそれを知らない。

偶像を形づくる者は皆、無力で、彼らが慕うものも役に立たない。彼ら自身が証人だ。**見ることも、知ることもなく、恥を受ける。**

無力な神を造り、役に立たない偶像を鋳る者はすべて、その仲間と共に恥を受ける。職人も皆、人間にすぎず、皆集まって立ち、恐れ、恥を受ける。

鉄工は金槌と炭火を使って仕事をする。槌でたたいて形を造り、強い腕を振るって働くが、飢えれば力も減り、水を飲まなければ疲れる。

木工は寸法を計り、石筆で図を描き、のみで削り、コンパスで図を描き、人の形に似せ、人間の美しさに似せて作り、神殿に置く。

彼は林の中で力を尽くし、樅《もみ》を切り、柏《かしわ》や樫《かし》の木を選び、また、樅の木を植え、雨が育てるのを待つ。

木は薪になるもの。人はその一部を取って体を温め、一部を燃やしてパンを焼き、その木で神を造ってそれにひれ伏し、木像に仕立ててそれを拝むのか。また、木材の半分を燃やして火にし、肉を食べようとしてその半分の上であぶり、食べ飽きて身が温まると、『ああ、温かい、炎が見える』などと言う。残りの木で神を、自分のための偶像を造り、ひれ伏して拝み、祈って言う。『お救いください、あなたはわたしの神』と。**彼らは悟ることもなく、理解することもない。目はふさがれていて見えず、心もふさがれていて、目覚めることはない。反省することもなく、知識も英知もなく、**『わたしは半分を燃やして火にし、その炭火でパンを焼き、肉をあぶって食べた。残りの木で忌むべきものを造ったり、木の切れ端を拝んだりできようか』とは言わない。彼は灰を食らい、惑わされた心は、その道を誤らせる。彼は自分の魂を救うことができず、『わたしの右の手にあるのは偽りではないか』とすら言わない。」（イザヤ書四四章六節～二〇節）

結局、このような人たちは、何かをよすがにして（要するに対象は何でもよくて）、ただ、自分の気持ちや心を自分よがりの方法でコントロールしたい、もしくはそうしているように思われるのです。

一時、「マインドコントロール」という言葉が流行った時期がありました。「マインドコントロール」も雑多な信仰の一種であって、他者によってコントロールされるだけではなく、自覚しないまま、自分自身でコントロールしたり、コントロールされているということではないかと思うのです。

そのような場合、拝む対象、すがる対象を人間の側が祭り上げ、据え置いていると言えるでしょう。もっとも、そう単純に言い切ることには違和感や反感を抱かれる人もいるに違いありません。

森羅万象によって、畏敬の念を抱かないではいられない何者かを予感させられ、拝まずにいられないということなのだろう、と思います。

パウロもまた、ローマの信徒たちに宛てた手紙の中で次のように言っています。

「なぜなら、神について知りうる事柄は、彼らにも明らかだからです。神がそれを示されたのです。世界が造られたときから、目に見えない神の性質、つまり**神の永遠の力と神性**

**は被造物に現れており、これを通して神を知ることができます。**従って、彼らには弁解の余地がありません」（ローマの信徒への手紙一章一九～二〇節）

ところがパウロは、すぐ続けて次のようにも言っています。

「なぜなら、神を知りながら、神としてあがめることも感謝することもせず、かえって、むなしい思いにふけり、心が鈍く暗くなったからです。自分では知恵があると吹聴しながら愚かになり、**滅びることのない神の栄光を、滅び去る人間や鳥や獣や這うものなどに似せた像と取り替えた**のです。」（ローマの信徒への手紙一章二一～二三節）と。

いったいこれはどういうことなのでしょうか。神の神聖や栄光は、確かに神の創造の業によるものであり、被造物の中に認められる、被造物の姿として映し出されている、と言っているのです。しかし間違ってはいけない、被造物はあくまで被造物なのであって、これを神としてあがめてはいけないよ、ということではないでしょうか。

神は人より偉大です。神は人より優れています。そうでない神など、人が神としてあがめるだけの値打ち、資格があると言えるでしょうか。

誰が自分と同等なものを、ましてや自分より劣るもの、未熟なものをあがめ敬うでしょうか。しかし、悲しいかな、人は自分より大きいもの、自分より優れているものは、捉えることも、知ることもできません。それは宿命というものです。

自分が持っている器、秤《はかり》で、量《はか》り切れないものをどうやって量りましょうか。自分が把握できる範囲の中に歪曲して表すのでしょうか。

人は所詮、自分の器量内のものしかわからないものなのだと思います。そこでわたしは次のように告白するしかないのです。

**「あなたのことを知るには、わたしはあまりにも卑小すぎて、あなたを捉えられません、あなたに近づけません」**と。

だからわたしたち人間には神様はわからないのです。わからなくて当然なのです。

だからといって、神様は「いない」「存在しない」などとどうして言えるでしょう。それはあまりに傲慢、あまりに暴挙であるし、あまりに軽率、というものです。

わたしは人間を完全な存在、と思っている人はいないと思います。その人間から出たものは当然人間以上のものではなく、神の造られたものは神ではあり得ないのだと思います。

ではわたしたちは真の神をどこに見い出したらよいのでしょうか。そうする術《すべ》はあるのでしょうか。

## 一、聖書の神

### (一) 働きかける神

聖書の神は、しばしば御自分から人に働きかけられます。わたしはそこに大きな特徴を見い出しています。

「主なる神はアダムを呼ばれた。『どこにいるのか。』」(創世記三章九節)

「神はノアに言われた。」(創世記六章一三節)

「主はアブラムに言われた。」（創世記一二章一節）

「主は、モーセが道をそれて見に来るのを御覧になった。神は柴の間から声をかけられ、『モーセよ、モーセよ』と言われた。」（出エジプト記三章四節）

わらべであったサムエルが預言者エリのところで仕えていたとき、初めて主なる神がサムエルに働きかけます。サムエルはまだ主を知らなかったので、エリのところへ走って行きます。

そのようなことを三度繰り返したとき、預言者エリは、主がわらべサムエルを呼ばれたことを悟ります。「そしてエリはサムエルに言った。『行って寝なさい。もしあなたを呼ばれたら、「しもべは聞きます。主よ、お話し下さい」と言いなさい』サムエルは行って自分の所で寝た。」（口語訳、サムエル記上三章九節）と言うのです。

今日このような働きかけを受ける人がどれだけいるかは別にして、真の神であるなら、己が主体として動き、働く神であるはずだと思います。神に似せて造ったという人間でさえ主体的に動くのですから。ましてや神は人間の言うままになぞならないところの、もっと自立した、もっと主体的な御方だろうと思うのです。

そして御自分がいかなるものであるのかを示し、人に対してもどうあるべしとの指針を提示される御方でなければならないと思います。

それは真に当を得たものであり、苦悩や不幸を呼んだり、傷つけたり、害を及ぼしたりしないものであり、当然死や滅びに至らしめるようなものではないだろうと思います。神は御自分が造られたものを通して、また世々の歴史を通して、聖書を通して、また、周りの状況を通して、神と同質の人の心の部分を通して、働かれているのではないかと思うのです。

## （二）わたしはありてあるもの

「モーセは神に言った。『わたしがイスラエルの人々のところへ行って、彼らに「あなたがたの先祖の神が、わたしをあなたがたのところへつかわされました」と言うとき、彼らが「その名はなんというのですか」とわたしに聞くならば、なんと答えましょうか』。神はモーセに言われた、『わたしは、有って有る者』。また言われた、『イスラエルの人々にこう言いなさい、「〈わたしは有る〉という方が、わたしをあなたがたのところへつかわさ

れました」と。』」（口語訳、出エジプト記三章一三〜一四節）

このように聖書の神は御自分を「ありてあるもの」「わたしはある」と答えています。これによって、聖書の神が存在しているということだけは知らされたのではないでしょうか。そして、それ以上は人にはわからない、ということなのではないでしょうか？

## （三）創造者であり統治者

そして至るところで創造された方であると描写されているのです。（ヨブ記三八章一節〜四二章六節など）

聖書の中には、天地万物の創造者として御自分を表しておられるところが数多くありますが、今回はイザヤ書の中から、そのほんの一部を掲げておきます。

「見よ、あなたたちの神、見よ、主なる神。**彼は力を帯びて来られ、御腕をもって統治される。**見よ、主の勝ち得られたものは御もとに従い、主の働きの実りは御前を進む。**主は羊飼いとして群れを養い、御腕をもって集め、子羊をふところに抱き、その母を導いて行**

**かれる。**手のひらにすくって海を量り、手の幅をもって天を測る者があろうか。地の塵を升で量り尽くし、山々を秤にかけ、丘を天秤にかける者があろうか。主の霊を測りうる者があろうか。主の企てを知らされる者があろうか。主に助言し、理解させ、裁きの道を教え、知識を与え、英知の道を知らせうる者があろうか。」（イザヤ書四〇章九節の終わり〜一四節）

「お前たちはわたしを誰に似せ、誰に比べようとするのか、と聖なる神は言われる。目を高く上げ、**誰が天の万象を創造したかを見よ。**それらを数えて、引き出された方、それぞれの名を呼ばれる方の、力の強さ、激しい勢いから逃れうるものはない。」（イザヤ書四〇章二五〜二六節）

「神である方、**天を創造し、地を形づくり、造り上げて、固く据えられた方、**混沌として創造されたのではなく、人の住む所として形づくられた方、主は、こう言われる。わたしが主、ほかにはいない。」（イザヤ書四五章一八節）

「あなたは知らないのか、聞いたことはないのか。**主は、とこしえにいます神、地の果てに及ぶすべてのものの造り主。**倦むことなく、疲れることなく、その英知は究めがたい。」（イザヤ書四〇章二八節）

「なぜなら、神について知りうる事柄は、彼らにも明らかだからです。神がそれを示されたのです。**世界が造られたときから、目に見えない神の性質、つまり神の永遠の力と神性は被造物に現われており、これを通して神を知ることができます。**従って、彼らには弁解の余地がありません。」（ローマの信徒への手紙一章一九～二〇節）

## （四）義の神

モーセが柴の燃えるところで初めて神にまみえるとき、彼は直接神を見ることを恐れて顔を伏せたと書かれています。

このように、旧約聖書の時代の神は、人々にとって怖い、恐ろしい存在でした。まともに顔を向けて話したり、接したりできるような御方ではなかったのです。それほどに神と人との間には隔たりがありました。

そして神は人々を責めたり、懲らしめたり、裁いたりする神だったのです。だから人々は絶えずいけにえを伴って神を慰め、罪の許しを乞わねばなりませんでした。

それは後に新約聖書で表され、強調されることになる「愛の神」としての側面とは異なっています。わたしが思いますのに、今日のキリスト教界の風潮としては、「義の神」としての側面よりも、むしろ、この「愛の神」としての側面の方が強調されている感じがします。「愛の神」が前面に強く押し出され、「義の神」は後ろで待機している感じでしょうか。

このことに象徴されるように、最近の世の中は大変ものわかりが良くなっているような気がします。むしろ良すぎて、相手の思うまま言うままに、振り回されすぎている気さえするのです。

子供に対してもそうです。そして、ついつい追認する、はっきりものが言えない親になってしまってはいないでしょうか。

物事が正しく裁けるようになるためには、二つの重要事項が必要だと思います。しっかりした物事の判断の基準というものを持っているということと、裁かなければならない物事に対しての情報を十分に所有していることです。

そして裁く神というのは、物事の基準を持っている、知っている神であるということにほかなりません。それも絶対的に妥当な、つまり正しい基準を持っている存在です。これは神の神たるゆえんだろうと思うのです。

実を言いますと、わたくしはキリスト教の、この「義の神」という側面が一等気にいっているところなのです。怖くて、恐ろしくて、近寄り難くて、ハハーッと平伏している感じ、これが実にいいのです。

さわやかで、スッキリしていて、気持ちがいいとは思われませんか。これは今日の社会にはすでに希薄になってしまった側面であるようにも思います。

この「義」ということ、すなわち、あるべき姿ということ、このことがなければ、人は本当には立つことができないし、人と人との間は収まりがつかない。そういうことになるのではないでしょうか。

そこで、今日の風潮に逆らって「義の神」であるキリスト教の神を取り上げて示すことにしました。

「主は、地上に人の悪が増し、常に悪いことばかりを心に思い計っているのを御覧になって、地上に人を造ったことを後悔し、心を痛められた。主は言われた。『わたしは人を創造したが、これを地上からぬぐい去ろう。人だけでなく、家畜も這うものも空の鳥も。わたしはこれらを造ったことを後悔する。』しかし、ノアは主の好意を得た。これはノアの物語である。その世代の中で、ノアは神に従う無垢な人であった。ノアは神と共に歩んだ。」（創世記六章五～九節）

「この地は神の前に堕落し、不法に満ちていた。神は地を御覧になった。見よ、それは堕落し、すべて肉なる者はこの地で堕落の道を歩んでいた。神はノアに言われた。『すべて肉なるものを終わらせる時がわたしの前に来ている。彼らのゆえに不法が地に満ちている。見よ、わたしは地もろとも彼らを滅ぼす。』」（創世記六章一一～一三節）

「あなたは御座に就き、正しく裁き、わたしの訴えを取り上げて裁いてくださる。異邦の民を叱咤《しった》し、逆らう者を滅ぼし、その民を世々限りなく消し去られる。敵はすべて滅び、永遠の廃墟が残り、あなたに滅ぼされた町々の記憶も消え去った。主は裁きのために御座を固く据え、とこしえに御座に着いておられる。御自ら世界を正しく治め、国々の民を公

平に裁かれる。」（詩編九編五～九節）

「主を、わたしは避けどころとしている。どうしてあなたたちはわたしの魂に言うのか。『鳥のように山へ逃れよ。見よ、主に逆らう者が弓を張り、弦《つる》に矢をつがえ、闇の中から心のまっすぐな人を射ようとしている。世の秩序が覆《くつがえ》っているのに、主に従う人に何ができようか』と。主は聖なる宮にいます。主は天に御座を置かれる。御目は人の子らを見渡し、そのまぶたは人の子らを調べる。主は、主に従う人と逆らう者を調べ、不法を愛する者を憎み、逆らう者に災いの火を降らせ、熱風を送り、燃える硫黄《いおう》をその杯に注がれる。主は正しくいまし、恵みの業を愛し、御顔を心のまっすぐな人に向けてくださる。」（詩編一一編）

「神を知らぬ者は心に言う。『神などない』と。人々は腐敗している。忌むべき行いをする。善を行う者はいない。主は天から人の子らを見渡し、探される、目覚めた人、神を求める人はいないか、と。だれもかれも背き去った。皆ともに、汚れている。善を行う者はいない。ひとりもいない。悪を行う者は知っているはずではないか。パンを食らうかのようにわたしの民を食らい、主を呼び求めることをしない者よ。そのゆえにこそ、大いに恐れるがよい。神は従う人々の群れにいます。貧しい人の計らいをお前たちが挫折させても、主は必ず、避けどころとなってくださる。」（詩編一四編一～六節）

「主はわたしの正しさに報いてくださる。わたしの手の清さに応じて返してくださる。わたしは主の道を守り、わたしの神に背かない。わたしは主の裁きをすべて前に置き、主の掟を遠ざけない。わたしは主に対して無垢であろうとし、罪から身を守る。主はわたしの正しさに応じて返してくださる。御目に対してわたしの手は清い。」（詩編一八編二一～二五節）

「わたしは主、正義を語り、公平を告知する者。」（イザヤ書四五章一九節後半）

「義の神」としての側面ですので、そのほとんどを旧約聖書から引用することになってしまいました。結局は完全な〝義〟の前には立ち得ないわたしたち人間どもではありますが、神は人に対して義を求めずに、〝愛〟の道を開かれたのではないことをわたしたちは心得ているべきだと思います。

完全に、完璧に、義を全うし得ないわたしたちを前に、神はイエス・キリストによる救いの道、愛の道を開かれました。しかし、それこそが義の道をも全うする方法であったのです。

義なくして、愛もまたないことを、わたしたちは知っておきたいと思います。神は単にふぬけたものわかりのよい御方では決してないのです。

## (五) 憐れみを好まれる愛の神

聖書に示された神は、新約聖書において、愛の神としての姿を顕現させているように思います。というのも旧約聖書に描かれている人の姿が、糸の切れた凧《たこ》のように神から離れ、好き勝手に振る舞っては、苦悩と悲惨の中にあえいでいました。ですから、神様としてはついつい叱ったり、怒ったり、嘆いたりせざるを得なかったのではないでしょうか。

しかしそれは人を慈しみ、心配しているからにほかならないと言えるのです。その証拠に、イザヤ書四二章六節には、「主であるわたしは、恵みをもってあなたを呼び、あなたの手を取った。」とあり、四三章四節では「わたしの目にはあなたは価《あたい》高く、貴く、わたしはあなたを愛し、あなたの身代わりとして人を与え、国々をあなたの魂の代わりとする。」とあります。このように旧約聖書の時代でさえ、わたくしたちは「価高く、貴い」といわれているのです。

ここで一つ想いを巡らせてみましょう。もし、あなたの持ちものの中に、高価で買い求め、すごく大切にしているものがあるとします。あなたはそれをどのように扱うでしょうか。きっとその辺にほっぽり出して、蹴られようが踏まれようが、なくなろうが、どうなってもいいんだ、という扱いにはしないことでしょう。そして損なわれないように、なくならないように、大切に保護し、保存し、用いることでしょう。

これこそ「あなたは大切な存在」だという態度ではないかと思います。それは新約聖書のイエス・キリストのお話やお言葉と通じるものです。

たとえばそれは、次の箇所に感じることができます。

「『これらの小さな者を一人でも軽んじないように気をつけなさい。言っておくが、彼らの天使たちは天でいつもわたしの天の父の御顔を仰いでいるのである。あなたがたはどう思うか。ある人が羊を百匹持っていて、その一匹が迷い出たとすれば、九十九匹を山に残しておいて、迷い出た一匹を捜しに行かないだろうか。はっきり言っておくが、もし、それを見つけたら、迷わずにいた九十九匹より、その一匹のことを喜ぶだろう。そのように、**これらの小さなものが一人でも滅びることは、あなたがたの天の父の御心ではない。**』」

（マタイによる福音書一八章一〇〜一四節）

ここは「失われた一匹の羊」、あるいは「迷い出た一匹の羊」と呼ばれて、よく知られている箇所です。これがもし、どうでもいいものだったり、失われてもかまわないものだったり、つまりその人にとって何の値打ちもないものだったら、このようには言われないと思うのです。失せても、意に介されないことでしょう。

しかし、神のあなたがたに対する思いは、迷い出た一匹の羊のために、他を置いておいても捜し求め、失うことをよしとしないのだと伝えているのです。

そのために、現在のように記録することが容易でない時代から、いちいち書き記され、延々とそれを後世に伝え、絶えず人に働きかけているのでしょう。ある人にとって、それは余計なお世話、おせっかいと思われようと。ですから親のような表現をされるのだと思います。「天の父」という風に。

またホセア書六章六節には「われは愛情《いつくしみ》をよろこびて犠牲《いけにえ》をよろこばず、神をしるを悦《よろこ》ぶこと燔祭《はんさい》にまされり」（文語訳が美しいので、つい引いてしまいました）とあります。

預言者ホセアが活躍したのは紀元前八世紀、北王国イスラエルの滅びが刻々と近づいていた頃です。おそらく、このような時代は混乱と混迷の中で、人々は右往左往していたのではないでしょうか。ですから神は預言者を次々と立てて、真の神である自分に立ち返り、悔い改めるように呼びかけたのです。

燔祭というのは罪を犯した贖いのために祭壇で牛や羊また山羊などを供えて焼くことです。罪を犯して、贖いのいけにえを延々と供え続けるよりも、神を知り、愛に生きて、罪を犯さないようにしなさいと言っているのです。

これをわたくしは、自分を誰よりも尊い第一のものとする罪人が、他の誰かれを犠牲にするような生き方は止めて、神を知り、これを敬って、真の道に歩み、慈愛や憐れみの中に生きるように転換しなさいということだと受け取りたいと思います。

そしてこれは、のちの新約聖書に描かれたイエス・キリストによって明確に打ち出されています。

そもそもイエスの公生涯《こうしょうがい》の出発はここにあるように思われるのです。何度も引用して恐縮ですが、「イエスは町や村を残らず回って、会堂で教え、御国の福音を宣べ伝え、ありとあらゆる病気や患いをいやされた。また、群衆が飼い主のいない羊のように弱り果て、打ちひしがれているのを見て、**深く憐れまれた。**」（マタイによる福音書九章三五～三六節）とあります。

また、別の箇所でも「イエスはこれを聞くと、船に乗ってそこを去り、ひとり人里離れた所に退かれた。しかし、群衆はそのことを聞き、方々の町から歩いて後を追った。イエスは舟から上がり、大勢の群衆を見て**深く憐れみ**、その中の病人をいやされた。」（マタイによる福音書一四章一三～一四節）とあります。

ヨハネの手紙一には、「神は愛である」ということがはっきりと述べられています。

「愛する者たち、互いに愛し合いましょう。愛は神から出るもので、愛する者は皆、神から生まれ、神を知っているからです。愛することのない者は神を知りません。**神は愛だからです。**」（ヨハネの手紙一、四章七～八節）

生まれながらの修正の加えられていない人間が、自己を誇り、自己本位で身勝手な生き方をする宿命から逃れられなくて、自覚のあるなしにかかわらず、誰かを傷つけ、犠牲を払わせる生き方になることに触れました。それが具体的に、どのような形となって現れているのかを、わたくしたちの身近な事例ですでに示したつもりです。

それは「なんぢら往きて学べ『**われ憐憫《あわれみ》を好みて、**犠牲《いけにえ》を好まず』とはいかなる意《こころ》ぞ。」（文語訳、マタイ伝福音書九章一三節）というその犠牲を生む生き方であることをお知らせしました。

では「憐れみを好む」とはどういうことなのかを学んでいこうと思います。

まず、この箇所がどういう背景をもって発せられたのか見ていきましょう。今度は新共同訳の口語聖書で同じ箇所を、その前後を含めて記します。

「イエスはそこをたち、通りがかりに、マタイという人が収税所に座っているのを見かけて、『わたしに従いなさい』と言われた。彼は立ち上がってイエスに従った。イエスがその家で食事をしておられたときのことである。徴税人や罪人も大勢やって来て、イエスや弟子たちと同席していた。ファリサイ派の人々はこれを見て、弟子たちに、『なぜ、あなたたちの先生は徴税人や罪人と一緒に食事をするのか』と言った。イエスはこれを聞いて言われた。『医者を必要とするのは、丈夫な人ではなく病人である。「**わたしが求めるのは憐れみ**であって、いけにえではない」とはどういう意味か、行って学びなさい。わたしが来たのは、正しい人を招くためではなく、罪人を招くためである。』」（マタイによる福音書九章九〜一三節）

さらにもう一カ所紹介します。空腹になったイエスの弟子たちが安息日に麦畑の中を通ったとき、麦の穂を摘んで食べたことに対して、ファリサイ派の人々が安息日にしてはならないことをした、ととがめます。それに対してイエスが言われたことの中に「もし、『**わたしが求めるのは憐れみであって**、いけにえではない』という言葉の意味を知っていれば、あなたたちは罪もない人たちをとがめなかったであろう。」（マタイによる福音書一二章七節）と言われたのです。

これらの中から、太字にした箇所を抽出したわけですが、実はイエス・キリストはこれを旧約聖書から引用して、言われたのです。今わたくしたちは旧約聖書と言っていますが、その当時のユダヤ人たちの社会においては、そこに書かれていることが律法、掟、指針であって、それしかなかったわけです。

ですからその中から引かれたのですね。では旧約聖書のその箇所、先述のホセア書六章六節を見てみましょう。「**われは愛情《いつくしみ》をよろこびて**犠牲《いけにえ》をよろこばず、神をしるを悦《よろこ》ぶこと燔祭《はんさい》にまされり」（文語訳、ホセア書六章六節）

新共同訳では「わたしが喜ぶのは、**愛であって**いけにえではなく、神を知ることであって、焼き尽くす献《ささ》げものではない。」となっています。

このことは次の箇所に集約され、明言されています。マタイ、マルコ、ルカのどの福音書にも記されていますが、ホセア書との関連からマルコと、具体的な事例を挙げて詳しく説明しているルカの福音書から引用します。

「彼らの議論を聞いていた一人の律法学者が進み出、イエスが立派にお答えになったのを見て、尋ねた。『あらゆる掟のうちで、どれが第一でしょうか。』イエスはお答えになった。『第一の掟はこれである。[イスラエルよ、聞け、わたしたちの神である主は、唯一の主である。心を尽くし、精神を尽くし、思いを尽くし、力を尽くして、**あなたの神である主を愛しなさい。**]第二の掟は、これである。[**隣人を自分のように愛しなさい**]この二つにまさる掟はほかにない』。律法学者はイエスに言った。『先生、おっしゃるとおりです。

「神は唯一である。ほかに神はない」とおっしゃったのは、本当です。』そして、『「心を尽くし、知恵を尽くし、力を尽くして神を愛し、また隣人を自分のように愛する」ということは、どんな焼き尽くす献げ物やいけにえよりも優れています。』イエスは律法学者が適切な答えをしたのを見て、『あなたは、神の国から遠くない』と言われた。もはや、あえて質問する者はなかった。」（マルコによる福音書一二章二八～三四節）

「ある律法の専門家が立ち上がり、イエスを試そうとして言った。『先生、何をしたら永遠の命を受け継ぐことができるでしょうか。』イエスが『律法には何と書いてあるか。あなたはそれをどう読んでいるか。』と言われると、彼は答えた。『「心を尽くし、精神を尽くし、力を尽くし、思いを尽くして、あなたの神である主を愛しなさい、また、隣人を自分のように愛しなさい」とあります。』イエスは言われた。『正しい答えだ。それを実行しなさい。そうすれば命が得られる。』しかし、彼は自分を正当化しようとして、『では、わたしの隣人とはだれですか』と言った。イエスはお答えになった。『ある人がエルサレムからエリコへ下って行く途中、追いはぎに襲われた。追いはぎはその人の服をはぎ取り、殴りつけ、半殺しにしたまま立ち去った。ある祭司がたまたまその道を下って来たが、その人を見ると、道の向こう側を通って行った。同じように、レビ人もその場所にやって来たが、その人を見ると、道の向こう側を通って行った。ところが、旅をしていたあるサマリア人は、そばに来ると、**その人を見て憐れに思い、近寄って傷に油とぶどう酒を注ぎ、包帯をして、自分のろばに乗せ、宿屋に連れて行って介抱した。そして、翌日になると、デナリオン銀貨二枚を取り出し、宿屋の主人に渡して言った。［この人を介抱してください。費用がもっとかかったら、帰りがけに払います。］**さて、あなたはこの三人の中で、だれが追いはぎに襲われた人の隣人になったと思うか。』律法の専門家は言った。『その人を助けた人です。』そこで、イエスは言われた。『行って、あなたも同じようにしなさい。』」（ルカによる福音書一〇章二五〜三七節）

ここには追いはぎに襲われて、半殺しにされた人に対する、三者三様の対応が描写されています。祭司とレビ人は関わりを避けて、行ってしまいました。

見て見ぬ振りです。やっかいなお荷物を背負うだけですからね。自分には何の得にもならない、むしろ損失を被《こうむ》る事態です。しかし、サマリア人だけはその人を介抱し、助けたのです。先を急いでいる旅だったら大きな時間の損失でしょう。

応急手当に必要だった油、ぶどう酒、包帯は旅をするのに貴重品だったかもしれません。介抱を頼み、そのための経費も宿代も、大きな損失です。この三人はたまたまその出来事に出会った他人であったと思われます。

ここにイエスはそれぞれのとった態度をご覧になって、サマリア人を追いはぎに襲われた人の隣人と呼んだのです。わたくしは「人を愛する」とはどういうことかを、ここで主は示されたと思います。

自分のためには何の得にもならないけれど、他の人のためにする気配り、心配、提供する援助、それが神の示した「愛」なのだと思います。この内容を示して、イエスは、

「『あなたがたに新しい掟を与える。互いに愛し合いなさい。（中略）互いに愛し合うならば、それによってあなたがたがわたしの弟子であることを、皆が知るようになる。』」（ヨハネによる福音書一三章三四〜三五節）

「互いに愛し合いなさい。これがわたしの命令である。」（ヨハネによる福音書一五章一七節）

と言われたのです。それは自分の欲得を求めて、各々てんで好き勝手な道（私利私欲の道）をそれぞれ個別に歩むのではなく、互いに配慮し合って、一つにある、ということでもあると思います。

「『父よ、あなたがわたしの内におられ、わたしがあなたの内にいるように、すべての人を一つにしてください。彼らもわたしたちの内にいるようにしてください。そうすれば、世は、あなたがわたしをお遣わしになったことを、信じるようになります。あなたがくださった栄光を、わたしは彼らに与えました。わたしたちが一つであるように、彼らも一つになるためです。』」（ヨハネによる福音書一七章二一～二二節）

罪人の姿とは、基本的に私利私欲に走り、自分だけよければいいとし、他の人に配慮しません。他の人の立場、他の人の状況に配慮し、思いやることはありませんから、自分だけで我欲に暴走する勝手な道を生きます。そういう人は他の人に冷たい、愛のない人です。もっと先鋭的になると、冷酷、残忍な人になります。自己への愛だけがあって、キリストの言われる愛（本当の愛）のない人です。他人のことなどどうなってもいいのです。

他人が眼中にあるとすれば、それはただ自分にとって利益になる、あるいは不利益になるときです。これがてんでバラバラに自分勝手に私利私欲に走る罪人の姿なのです。

ですから、祭司もレビ人も関わらなかったのですね。いずれも神を祭る仕事に携わる立場の人たちです。イエスは彼らがそういう立場にありながら、実は何も神のみこころを会得していないことに気づいていたのです。

さて話を本道に戻します。一つになる、あるいは一つであるということは、その人の中に配慮されている他の人がいるということです。

一番端的な夫婦の例で考えてみましょう。夫の中には妻の存在が、妻の中には夫の存在が配慮されているということです。つまり、あなたの内にはわたしが、わたしの内にはあなたがいるといった、互いの存在をしっかり意識し合った配慮があります。

ところが、罪人の夫婦はどうかといいますと、自分だけなのです。自分という個があるだけなのです。

つまり、わたしの内はわたしだけ、という状態なのです。てんでバラバラ、何のつながりも脈絡も持たない個々が、それぞれ自分の思いで勝手に生活しているといった状態です。

そして自分のことだけを考えています。他の者（この場合、妻か夫）のことなど知らん、どうにでもなれ、といった具合なのです。わがままで、無責任ですよね。

それどころか、いやそれゆえにというべきでしょうか。相手を自分の生産、欲望、利得のために利用し、犠牲を強い、虐げるということも出てきます。そのために互いに争い、口論し、いさかいや暴力の絶えぬ夫婦となってしまいます。

互いに覇権（いえ、夫婦間であるから、主導権としておきましょう）と利益を争って、いがみ合い、ねたみ合い、脅し合い、敵視し合い、結局反目することになるのです。それは不平、不満、憎しみ、怒り、偽り、中傷、邪推であり、ときに媚びやへつらいといった欺瞞、不安、恐れなども伴います。このような家族からは、よいものは何も出てきません。病気や早死にを得るだけです。

もっとも、ここではわかりやすくするために、先鋭的なタイプで描写していますが、実際には「罪と死の法」と「神の法」という二つの法則に絡んだ感情が、ある程度は交錯し合うことでしょう。

しかし、どのように入り組んでいようと、神を押しのけて己を第一としている罪人か、新たな神と結ばれ神を第一としているかによって、二つに大別されるのです。それはイエス・キリストが「まことに誠に汝に告ぐ、人あらたに生れずば、神の国を見ること能は

ず」（文語訳、ヨハネ伝福音書三章三節）と言ったことであり、

「あなたがたも、以前このようなことの中にいたときには、それに従って歩んでいました。今は、そのすべてを、すなわち、怒り、憤り、悪意、そしり、口から出る恥ずべき言葉を捨てなさい。互いにうそをついてはなりません。**古い人**をその行いと共に脱ぎ捨て、造り主の姿に倣う**新しい人**を身に着け、日々新たにされて、真の知識に達するのです。」（コロサイの信徒への手紙三章七〜一〇節）

の中に出てくる、パウロが「古い人」「新しい人」と呼んだように、二つに大別されるということです。

他方、愛とは思いやり、いたわり、同情、憐憫《れんびん》によって、それぞれを互いにつなぎ、互いに取り込み合って、一つとするものです。それは偏狭な我、わがまま、自己愛というものから解放され、義や公平を打ち立てることのできる新しい人々の集団なのです。

そこでは、当を得た、あるべき姿に調整され、配慮された平和の中にあって、平安に共に居心地良く住まうことができるのです。

第４章

# イエス・キリストがわからない

キリスト教の集会に行くようになっても、実のところわたしはイエス・キリストがわかりませんでした。「どういう方なんだ、この方は……」という感じでした。

子供の頃から神棚や神社の前で拝んでいた、神様という御方も、よくわからなかったけれど、わからないなりに、ありがたい御方だと信じて拝んでいました。しかし、この神様というのは実は天地万物をお創りになったキリスト教の神様だったのだと置き換えれば、納得できた気がしました。

ところがイエス・キリストについては、しばらくの間、どういう方なのか、合点がゆかないままでした。たとえば教会で、「人の罪を担ってくださったありがたい御方」などと言われても、「ふうん、そうなんだ」と受け流していたのです。

## 一、わたしは良い羊飼い

第1章で、「人は羊にたとえられる」ということを伝えました。

羊は周りのことがよく見えず、迷いやすいので、羊飼いは羊たちを見張り、良い草地へと導きます。羊飼いは迷っている羊を見つけたら、元の群れに帰らせます。

ところで、イエスは御自分のことを「わたしはよい羊飼いだ」と言われました。その箇所を引用します。

「わたしは良い羊飼いである。良い羊飼いは羊のために命を捨てる。羊飼いでなく、自分の羊を持たない雇い人は、狼が来るのを見ると、羊を置き去りにして逃げる。――狼は羊を奪い、また追い散らす。――彼は雇い人で、羊のことを心にかけていないからである。**わたしは良い羊飼いである。**わたしは自分の羊を知っており、羊もわたしを知っている。」（ヨハネによる福音書一〇章一一～一四節）

イエスは御自分を良い羊飼いにたとえて、命をかけた導き手であることを伝えたのです。

## 二、救い主

「イエスはフィリポ・カイサリア地方に行ったとき、弟子たちに『人々は、人の子（御自分を指す）のことを何者だと言っているか』とお尋ねになった。弟子たちは言った。『［洗礼者ヨハネだ］と言う人も、［エリヤだ］と言う人もいます。ほかに、［エレミヤだ］とか、［預言者の一人だ］と言う人もいます。』

イエスが言われた。『それでは、あなたがたはわたしを何者だと言うのか。』

シモン・ペテロが『あなたはメシア、生ける神の子です』と答えた。すると、イエスはお答えになった。

『シモン・バルヨナ、あなたは幸いだ。あなたにこのことを現したのは、人間ではなく、わたしの天の父なのだ。わたしも言っておく。あなたはペトロ。わたしはこの岩の上にわたしの教会を建てる。」（マタイによる福音書一六章一三～一八節前半）

この箇所で、イエスが、シモン・バルヨナ（のちのシモン・ペテロ）の答えに満足されたことがわかります。かくしてこの後、イエスにはメシアとしての過酷な業が待ち受けているのです。

しかし、逃げず、そらさず、ごまかさず、この運命を受け止めて歩まれた姿に、本当にこの方は信頼に足る御方なのだと合点がゆく思いです。

## 三、平和の君

マタイによる福音書二一章の冒頭には、イエスがエルサレムに入られるとき、子ろばに乗って入られたことが記述されています。馬が軍や戦いの象徴とされるのに対して、ろばは平和を象徴する動物でした。

「一行がエルサレムに近づいて、オリーブ山沿いのベトファゲに来たとき、イエスは二人の弟子を使いに出そうとして、言われた。『向こうの村へ行きなさい。するとすぐ、ろばがつないであり、一緒に子ろばのいるのが見つかる。それをほどいて、わたしのところに引いて来なさい。もし、だれかが何か言ったら、「主がお入り用なのです」と言いなさい。すぐ渡してくれる。』それは、預言者を通して言われていたことが実現するためであった。『シオンの娘に告げよ。「見よ、お前の王がお前のところにおいでになる、、柔和な方で、ろばに乗り、荷を負うろばの子、子ろばに乗って。」』

弟子たちは行って、イエスが命じられたとおりにし、ろばと子ろばを引いて来て、その

上に服をかけると、イエスはそれにお乗りになった。」（マタイによる福音書二一章一～七節）

また、ヨハネの父ザカリヤが聖霊に満たされ、預言した中に、

「暗闇と死の陰に座していた者たちを照らし、**我らの歩みを平和の道に導く。**」（ルカによる福音書一章七九節）

とあります。

## 四、世の中を照らす光

「闇の中を歩む民は、**大いなる光を見、**

死の陰の地に住む者の上に、**光が輝いた。**」（イザヤ書九章一節）

これは、メシア出現の預言といわれている箇所です。

「これは我らの神の憐れみの心による。
この憐れみによって、高い所から**あけぼのの光が我らを訪れ、**
暗闇と死の陰に座している者たちを照らし、
我らの歩みを平和の道に導く。」（ルカによる福音書一章七八〜七九節）

「そのとき、エルサレムにシメオンという人がいた。この人は正しい人で信仰があつく、イスラエルの慰められるのを待ち望み、聖霊が彼にとどまっていた。そして、主が遣わすメシアに会うまでは決して死なない、とのお告げを聖霊から受けていた。シメオンが〝霊〟に導かれて神殿の境内に入って来たとき、両親は、幼子のために律法の規定どおりにいけにえを捧げようとして、イエスを連れて来た。
シメオンは幼児を腕に抱き、神をたたえて言った。
『主よ、今こそあなたには、お言葉どおり、
この僕を安らかに去らせてくださいます。

わたしはこの目であなたの救いを見たからです
**これは万民のために整えてくださった救いで、**
**異邦人を照らす啓示の光、**
あなたの民イスラエルの誉れです。』」（ルカによる福音書二章二五～三二節）

「**あなた方は世の光である。**山の上にある町は、隠れることができない。また、ともしびをともして升の下に置く者はいない。燭台の上に置く。そうすれば、家の中のものすべてを照らすのである。」（マタイによる福音書五章一四～一五節）

「初めに言《ことば》があった。言は神と共にあった。言は神であった。

この言は、初めに神と共にあった。万物は言によって成った。成ったもので、言によらずになったものは何一つなかった。言の内に命があった。**命は人間を照らす光であった。**光は暗闇の中で輝いている。暗闇は光を理解しなかった。」（ヨハネによる福音書一章一～五節）

「イエスは再び言われた。**『わたしは世の光である。**わたしに従う者は暗闇の中を歩かず、命の光を持つ』」（ヨハネによる福音書八章一二節）

以上、イエスが世の光、人を照らす光といわれている箇所をいくつか紹介しました。

## 五、神様の具象体

日本は八百万の神の国ですから、もともと、多神教の土壌があったと考えてよいと思います。そしてイスラム原理主義者によるアメリカでのテロがあったとき、日本はやはり多神教でよいのだ、という声も聞こえてきました。

今その話は横に置いておきますが、世界には一神教といわれる宗教があります。ユダヤ教、キリスト教、イスラム教（成立年代順）がそれに当たります。ほかにもあるのかもしれませんが、よく知りません。

ところで、この三つの宗教は、「兄弟宗教」といわれたりするほど、似通ったところがあります。神を人の知覚で捉えられない存在として、像に刻むことを厳しくいましめているところ、啓典が拠り所となっているところ、先祖や預言者を同じくしているところなどです。

誕生した場所も、世界地図を見れば一カ所と言ってよいほど、接近した所となっています。兄弟や近所というのは、総じてなにやかやと、ことを構えることになってしまう場合が多いようです。ムハンマドはユダヤ教徒とキリスト教徒を同じ啓典の民として、仲良くしていた時期もあったようなのです。

さて、一神教では、啓典から、それぞれの神様というものがどういう御方なのかを察知していかねばならないことになります。実はわたくしはこれが一大事、という気がしています。

受け取る側によって、いろいろな受け取り方がなされ、また様々な表現のなされ方が出てきます。その結果、派閥の発生は免れられないと思われるのです。

現に、どの宗教も例外なく、時代とともに多くの宗派を生み出しているように見受けられます。それはキリスト教とて例外ではありません。

しかし、キリスト教に関する限り、見落としてはならない重大なことがあります。ここではそのことを提示していきたいと思います。

第3章一の（三）で示したように、まず創世記には、神は天地を造った方として出てきます。

「初めに、神は天地を創造された。」（創世記一章一節）

そして出エジプト記では、モーセがイスラエルの人々にあなたの名をなんと伝えましょうか、と尋ねたとき、

「神はモーセに、『わたしはある。わたしはあるという者だ』と言われ、また、『イスラエルの人々にこう言うがよい。「わたしはある」という方がわたしをあなたたちに遣わされたのだと。』」（出エジプト記三章一四節）

と言われています。

また、イザヤ書では「わたしは初めであり、終わりである。わたしをおいて神はない。」（四四章六節後半）、「わたしは神、初めでありまた終わりであるもの。」（四八章一二節後

半）という言い方がなされています。

このどれをとっても、御自分をこのような表現をもって示された神を、当初は大変興味深く思うとともに、強く印象に残ったのを覚えています。もちろん至るところで、「主」ということを言われてもいます。

しかし、人がこのようなところからどのような神様を導き出せるというのでしょう。天地を創造された？　なんと偉大な畏れ多い方だろう。わたしはある？　うん存在されているんだな、いや存在そのものということかな？　わたしは初めであり、終わりである？　それはすべて、一切合切の御方ということではないか。

いずれにしても畏れ多い、人知の及ばない、はるかな、大いなる御方、そういう存在者が実在するのだ、というぐらいのものではないでしょうか。もっとも聖書の中にはこれだけでなく、多くの記述があって、神は愛に満ちて、憐れみ深く、真実であるとか、忍耐強いとか、その一方で悪事を働いたり、傲慢、高慢な人間を嫌い、また慎み深く、謙虚な人間を好む、とかを知ることができます。

ところがキリスト教の神には、実に具体的なモデルが与えられています。それがイエス・キリストなのです。どうして、そう言えるのでしょうか。

料金受取人払郵便

新宿局承認

3971

差出有効期間
2022年7月
31日まで
(切手不要)

郵便はがき

1608791

141

東京都新宿区新宿1－10－1

(株)文芸社

愛読者カード係 行

| | | | |
|---|---|---|---|
| ふりがな<br>お名前 | | 明治 大正<br>昭和 平成 | 年生 歳 |
| ふりがな<br>ご住所 | □□□-□□□□ | | 性別<br>男・女 |
| お電話<br>番 号 | (書籍ご注文の際に必要です) | ご職業 | |
| E-mail | | | |

ご購読雑誌(複数可)

ご購読新聞　　新聞

最近読んでおもしろかった本や今後、とりあげてほしいテーマをお教えください。

ご自分の研究成果や経験、お考え等を出版してみたいというお気持ちはありますか。

ある　ない　内容・テーマ(　　)

現在完成した作品をお持ちですか。

ある　ない　ジャンル・原稿量(　　)

| 書　名 | | | | |
|---|---|---|---|---|
| お買上<br>書　店 | 都道<br>府県 | 市区<br>郡 | 書店名 | 書店 |
| | | | ご購入日 | 年　　月　　日 |

本書をどこでお知りになりましたか?

1.書店店頭　2.知人にすすめられて　3.インターネット(サイト名　　　　)

4.DMハガキ　5.広告、記事を見て(新聞、雑誌名　　　　)

上の質問に関連して、ご購入の決め手となったのは?

1.タイトル　2.著者　3.内容　4.カバーデザイン　5.帯

その他ご自由にお書きください。

(　　　　)

本書についてのご意見、ご感想をお聞かせください。

①内容について

②カバー、タイトル、帯について

弊社Webサイトからもご意見、ご感想をお寄せいただけます。

ご協力ありがとうございました。

※お寄せいただいたご意見、ご感想は新聞広告等で匿名にて使わせていただくことがあります。

※お客様の個人情報は、小社からの連絡のみに使用します。社外に提供することは一切ありません。

キリスト誕生の予言は旧約聖書でなされています。それはイエス・キリスト御自身が、「あなたたちは聖書の中に永遠の命があると考えて、聖書（律法、つまり旧約聖書）を研究している。ところが、聖書はわたしについて証しをするものだ」（ヨハネによる福音書五章三九節）と言われている箇所です。

実のところ、旧約聖書は神が御自分の造られた人を自分のもとに引き寄せよう、つながらせようとして悪戦苦闘をしている書物のようです。そこでは人は操縦不能になった、糸の切れた凧のような感じでしょうか。

いえいえ、その凧は自分の能力の範囲で勝手に動きまわる代物なのですから、なおさら手に負えないものと言えるでしょう。そのために十戒を授け、律法を定め、預言者を送り、神様が「本来こうあるべきとして造られた人の姿」にしようとしたのですが、なかなかうまくいかなかったのですね。

だから旧約聖書の中には、神様が人を造ったことを悔いて滅ぼそうとされる箇所が出てきます。たとえば次の箇所もその一つです。

「この地は神の前に堕落し、不法に満ちていた。神は地を御覧になった。見よ、それは堕落し、すべて肉なる者はこの地で堕落の道を歩んでいた。神はノアに言われた。『すべて肉なる者を終わらせる時がわたしの前に来ている。彼らのゆえに不法が地に満ちている。見よ、わたしは地もろとも彼らを滅ぼす。』」（創世記六章一一～一三節）

そして長い長い歴史を経て、最後の手段として用いられたのが、御自分のもとから御自分と同じ性質を持つもの、つまり、御自分と一つのものを、この世の者が関知できる中に、送られたのです。この者がわたしを代弁し、わたしを現す、というものを。

そのことは、イエスもまた「わたしと父とは一つである」（ヨハネによる福音書一〇章三〇節）と言っていることからもうかがい知ることができるのです。

「闇の中を歩む民は、大いなる光を見、死の陰の地に住む者の上に、光が輝いた。あなたは深い喜びと、大きな楽しみをお与えになり、人々は御前に喜び祝った。刈り入れの時を祝うように、戦利品を分け合って楽しむように。彼らの負う軛《くびき》、肩を打つ杖、虐げる者の鞭《むち》を、あなたはミディアンの日のように、折ってくださった。地を踏み鳴らした兵士の靴、血にまみれた軍服はことごとく、火に投げ込まれ、焼き尽くされた。**ひとりのみどり**

**ごがわたしたちのために生まれた。ひとりの男の子がわたしたちに与えられた。権威が彼の肩にある。その名は、『驚くべき指導者、力ある神、永遠の父、平和の君』と唱えられる。ダビデの王座とその王国に権威は増し、平和は絶えることがない。王国は正義と恵みの業によって、今もそしてとこしえに、立てられ支えられる。万軍の主の熱意がこれを成し遂げる。」**（イザヤ書九章一～六節）

「見よ、**わたしの僕《しもべ》は栄える。はるかに高く上げられ、あがめられる。**かつて多くの人をおののかせたあなたの姿のように、彼の姿は損なわれ、人とは見えず、もはや人の子の面影はない。それほどに、彼は多くの民を驚かせる。彼を見て、王たちも口を閉ざす。**だれも物語らなかったことを見、一度も聞かされなかったことを悟ったからだ。」**（イザヤ書五二章一三～一五節）

次の箇所はすべて、同じ趣旨のことを述べています。

「わたしたちの聞いたことを、誰が信じえようか。主は御腕の力を誰に示されたことがあろうか。乾いた地に埋もれた根から生え出た若枝のように、この人は主の前に育った。見るべき面影はなく、輝かしい風格も、好ましい容姿もない。彼は軽蔑され、人々に見捨てられ、多くの痛みを負い、病を知っている。彼はわたしたちに顔を隠し、わたしたちは彼を軽蔑し、無視していた。彼が担ったのはわたしたちの病、彼が負ったのはわたしたちの痛みであったのに、わたしたちは思っていた。神の手にかかり、打たれたから、彼は苦しんでいるのだ、と。彼が刺し貫かれたのは、わたしたちの背きのためであり、彼が打ち砕かれたのは、わたしたちの咎《とが》のためであった。彼の受けた懲らしめによって、わたしたちに平和が与えられ、彼の受けた傷によって、わたしたちはいやされた。わたしたちは羊の群れ、道を誤り、それぞれの方角に向かって行った。そのわたしたちの罪をすべて、主は彼に負わせられた。苦役を課せられて、かがみ込み、彼は口を開かなかった。屠り場に引かれる子羊のように、毛を刈る者の前に物を言わない羊のように、彼は口を開かなかった。捕らえられ、裁きを受けて、彼は命を取られた。彼の時代の誰が思い巡らしたであろうか、わたしの民の背きのゆえに、彼が神の手にかかり、命ある者の地から断たれたことを。彼は不法を働かず、その口に偽りもなかったのに、その墓は神に逆らう者と共にされ、富める者とともに葬られた。病に苦しむこの人を打ち砕こうと主は望まれ、彼は自らを償いの献げ物とした。彼は、子孫が末永く続くのを見る。主の望まれることは、彼の手によって成し遂げられる。彼は自らの苦しみの実りを見、それを知って満足する。わたしの僕は、多くの人が正しい者とされるために、彼らの罪を自ら負った。それゆえ、わたしは多くの人を彼の取り分とし、彼は戦利品としておびただしい人を受ける。彼が自らをなげうち、死んで、罪人のひとりに数えられたからだ。多くの人の過ちを担い、背いた者のために執り成しをしたのは、この人であった。」（イザヤ書五三章）

これらの箇所はイエスの出現以前に書かれました。キリストの出現を預言したものといわれています。

それでは新約聖書から、また福音書の中のイエス・キリストの言葉から、キリスト出現を預言したと言えるだけの裏付けとなる部分を紹介したいと思います。

「そのとき、イエスがガリラヤからヨルダン川のヨハネのところへ来られた。彼から洗礼を受けるためである。ところが、ヨハネは、それを思いとどまらせようとして言った。『わたしこそ、あなたから洗礼を受けるべきなのに、あなたが、わたしのところへ来られたのですか。』しかし、イエスはお答えになった。『今は、止めないでほしい。正しいことをすべて行うのは、我々にふさわしいことです。』そこで、ヨハネはイエスの言われるとおりにした。イエスは洗礼を受けると、すぐ水の中から上がられた。そのとき、**天がイエスに向かって開いた。イエスは、神の霊が鳩のように御自分の上に降って来るのを御覧になった。そのとき、『これはわたしの愛する子、わたしの心に適《かな》う者』と言う声が、天から聞こえた。**」（マタイによる福音書三章一三〜一七節、マルコ、ルカにも該当あり）

「イエスはヨハネが捕らえられたと聞き、ガリラヤに退かれた。そして、ナザレを離れ、ゼブルンとナフタリの地方にある湖畔の町カファルナウムに来て住まわれた。それは、預言者イザヤを通して言われていたことが実現するためであった。**『ゼブルンの地とナフタリの地、湖沿いの道、ヨルダン川のかなたの地、異邦人のガリラヤ、暗闇に住む民は大きな光を見、死の陰の地に住む者に光が射し込んだ。』そのときから、イエスは、「悔い改めよ。天の国は近づいた」と言って、宣べ伝え始められた。』**」（マタイによる福音書四章一二〜一七節、マルコ、ルカにも該当あり）

「ヨハネは牢の中で、キリストのなさったことを聞いた。そこで、自分の弟子たちを送って、尋ねさせた。『来るべき方は、あなたでしょうか。それとも、ほかの方を待たなければなりませんか。』イエスはお答えになった。『**行って、見聞きしていることをヨハネに伝えなさい。目の見えない人は見え、足の不自由な人は歩き、重い皮膚病を患っている人は清くなり、耳の聞こえない人は聞こえ、死者は生き返り、貧しい人は福音を告げ知らされている。わたしにつまずかない人は幸いである。**』」（マタイによる福音書一一章二～六節、ルカにも該当あり）

「そのとき、イエスは聖霊によって喜びにあふれて言われた。『天地の主である父よ、あなたをほめたたえます。これらのことを知恵ある者や賢い者には隠して、幼子のような者にお示しになりました。そうです、父よ、これは御心に適うことでした。**すべてのことは、父からわたしに任せられています。父のほかに、子がどういう者であるかを知る者はなく、父がどういう方であるかを知る者は、子と、子が示そうと思う者のほかには、だれもいません。』それから、イエスは弟子たちの方を振り向いて、彼らだけに言われた。『あなたがたの見ているものを見る目は幸いだ。言っておくが、多くの預言者や王たちは、あ**

**なたがたが見ているものを見たかったが、見ることができず、あなたがたが聞いているものを聞きたかったが、聞けなかったのである。』」**（ルカによる福音書一〇章二一～二四節、マタイにも該当あり）

イエスはここで天地の主である方を「父」と呼び、御自分を「子」と言っておられます。そして、これまでの時代（イエスの出現まで）の者はメシア（救世主、油を注がれたものの意味）の出現に望みを置いていたが、メシア出現を目にするまでには至らなかった（実現を確認できなかった）ということを言っています。

しかし、今の時代の者はその（メシアであるイエス・キリストの）出現を見られたので幸いだ、と言われたのです。

「イエスは、十二人を呼び寄せて言われた。『今、わたしたちはエルサレムへ上って行く。**人の子について預言者が書いたことはみな実現する。人の子は異邦人に引き渡されて、侮辱され、乱暴な仕打ちを受け、唾をかけられる。彼らは人の子を、鞭打ってから殺す。そして、人の子は三日目に復活する。』**十二人はこれらのことが何も分からなかった。彼らにはこの言葉の意味が隠されていて、イエスのいわれたことが理解できなかったのである。」（ルカによる福音書一八章三一～三四節、マタイ、マルコにも該当あり）

ここでイエスは、御自分のことを「人の子」と表現されています。

このように、旧約聖書の時代とイエス・キリストがつながっていること、またイエスが旧約聖書（当時のユダヤ社会では律法）を踏まえた上で語られていることを、知っていただけたと思います。

そして、御自分が、人々が待望してきたその者（救世主、メシア）であることを、間接的・直接的に示されたのです。

それはイエスがキリストであることに焦点を当てたヨハネによる福音書において、いっそう明らかにされています。そこには、天地の主を父と呼ぶ、神の子としての立場を踏まえたイエスの言葉が数多く出てきます。

ヨハネによる福音書のすべてが該当するのですが、無謀を顧みず、その中の一部を紹介します。

安息日にベトザタの池をめぐる回廊に横たわっていて、三八年間病気で苦しんでいた人

を癒されて、

「このために、ユダヤ人たちは、ますますイエスを殺そうとねらうようになった。イエスが安息日を破るだけでなく、**神を御自分の父と呼んで、御自身を神と等しい者とされたからである。そこで、イエスは彼らに言われた。『はっきり言っておく。子は、父のなさることを見なければ、自分からは何事もできない。父がなさることはなんでも、子もそのとおりにする。父は子を愛して、御自分のなさることをすべて子に示されるからである。**また、これらのことよりも大きな業を子にお示しになって、あなたたちが驚くことになる。すなわち、父が死者を復活させて命をお与えになるように、子も、与えたいと思う者に命を与える。』」（ヨハネによる福音書五章一八～二一節）

「**『わたしは自分では何もできない。ただ、父から聞くままに裁く。わたしの裁きは正しい。わたしは自分の意志ではなく、わたしをお遣わしになった方の御心を行おうとするからである。**もし、わたしが自分自身について証しをするなら、その証しは真実ではない。わたしについて証しをなさる方は別におられる。そして、その方がわたしについてなさる証しは真実であることを、わたしは知っている。あなたたち（ユダヤ人）はヨハネ（バプテスマのヨハネ）のもとへ人（遣わされた人）を送ったが、彼（バプテスマのヨハネ）は真理（イエス・キリスト）について証しをした。（※１）

わたしは、人間による証しは受けない。しかし、あなたたちが救われるために、これらのことを言っておく。ヨハネは、燃えて輝くともし火であった。

あなたたちは、しばらくの間その光のもとで喜び楽しもうとした。しかし、**わたしにはヨハネの証しにまさる証しがある。父がわたしに成し遂げるようにお与えになった業（※２）、つまり、わたしが行っている業そのもの**（※３）**が、父がわたしをお遣わしになったことを証ししている。**

また、わたしをお遣わしになった父が、わたしについて証しをしてくださる。あなたたちは、まだ父のお声を聞いたこともなければ、お姿を見たこともない。また、あなたたちは、自分の内に父のお言葉をとどめていない。

（※１）（　）は筆者が加筆した。
（※２）この業とは、「神から離れ、糸の切れた凧状態になって、真の命、永遠の命を所有できていない人々を神とつながらせ、真の命、永遠の命を得させるようにする業、つまり人々を救う業」のことだと思われる（筆者私見）。
（※３）この業そのものとは、「命を得させる業、具体的にはイエスが行った盲人の目を見えるようにし、立たなかった足を立たせ、ありとあらゆる病気や患いをいやし、死んでいた人を生き返らせたりした業」を指すと思われる（筆者私見）。

父がお遣わしになった者を、あなたたちは信じないからである。あなたたちは聖書の中に永遠の命があると考えて、（旧約）聖書を研究している。ところが、（旧約）聖書はわたしについて証しをするものだ。それなのに、あなたたちは、命を得るためにわたしのところへ来ようとしない。』」（ヨハネによる福音書五章三〇～四〇節）

「祭りも既に半ばになったころ、イエスは神殿の境内に上って行って、教え始められた。ユダヤ人たちが驚いて、『この人は、学問をしたわけでもないのに、どうして聖書をこんなによく知っているのだろう』と言うと、イエスは答えて言われた。『**わたしの教えは、自分の教えではなく、わたしをお遣わしになった方の教えである。**この方の御心を行おうとする者は、わたしの教えが神から出たものか、わたしが勝手に話しているのか、分かるはずである。自分勝手に話す者は、自分の栄光を求める。しかし、自分をお遣わしになった方の栄光を求める者は真実な人であり、その人には不義がない。』」（ヨハネによる福音書七章一四～一八節）

「彼らは、イエスが御父について話しておられることを悟らなかった。そこで、イエスは言われた。『あなたたちは、人の子を上げた（十字架につけた）ときに初めて、「わたしはある」ということ、また、わたしが、自分勝手には何もせず、ただ、父に教えられたとおりに話していることが分かるだろう。**わたしをお遣わしになった方は、わたしと共にいてくださる。わたしをひとりにしてはおかれない。わたしは、いつもこの方の御心に適《かな》うことを行うからである。**』これらのことを語られたとき、多くの人々がイエスを信じた。」（ヨハネによる福音書八章二七～三〇節）

「イエスは言われた。『神があなたたちの父であれば、あなたたちはわたしを愛するはずである。なぜなら、**わたしは神のもとから来て、ここにいるからだ。わたしは自分勝手に来たのではなく、神がわたしをお遣わしになったのである。**』」（ヨハネによる福音書八章四二節）

「イエスはお答えになった。『わたしが自分自身のために栄光を求めようとしているのであれば、わたしの栄光はむなしい。**わたしに栄光を与えてくださるのはわたしの父であって、あなたたちはこの方について、「我々の神だ」と言っている。あなたたちはその方を**

**知らないが、わたしは知っている。**わたしがその方を知らないと言えば、あなたたちと同じくわたしも偽り者になる。しかし、**わたしはその方を知っており、その言葉を守っている。**あなたたちの父アブラハムは、わたしの日を見るのを楽しみにしていた。そして、それを見て、喜んだのである。』ユダヤ人たちが、『あなたは、まだ五十歳にもならないのに、アブラハムを見たのか』と言うと、イエスは言われた。『**はっきり言っておく。アブラハムが生まれる前から、**［**わたしはある。**］』すると、ユダヤ人たちは、石を取り上げ、イエスに投げつけようとした。しかし、イエスは身を隠して、神殿の境内から出て行かれた。」（ヨハネによる福音書八章五四～五九節）

「そのころ、エルサレムで神殿奉献記念祭が行われた。冬であった。イエスは、神殿の境内でソロモンの回廊を歩いておられた。すると、**ユダヤ人たちがイエスを取り囲んで言った。**『**いつまで、わたしたちに気をもませるのか。**もしメシアなら、**はっきりそう言いなさい。**』**イエスは答えられた。**『**わたしは**言ったが、**あなたたちは信じない。わたしが父の名によって行う業が、わたしについて証しをしている。しかし、あなたたちは信じない。**わたしの羊ではないからである。わたしの羊はわたしの声を聞き分ける。わたしは彼らを知っており、彼らはわたしに従う。わたしは彼らに永遠の命を与える。彼らは決して滅びず、だれも彼らをわたしの手から奪うことはできない。わたしの父がわたしにくださったものは、すべてのものより偉大であり、だれも父の手から奪うことはできない。**わたしと父とは一つである。**』」（ヨハネによる福音書一〇章二二～三〇節）

「わたしと父とは一つである」と言われたイエスに対して、次の箇所ではユダヤ人たちがイエスに対して神を冒涜《ぼうとく》し、「人間なのに自分を神としている」として石で打ち殺そうとしたということが書かれています。

「イエスは叫んで、こう言われた。『**わたしを信じる者は、わたしを信じるのではなくて、わたしを遣わされた方を信じる**のである。**わたしを見る者は、わたしを遣わされた方を見る**のである。わたしを信じる者が、だれも暗闇の中にとどまることのないように、わたしは光として世に来た。わたしの言葉を聞いて、それを守らない者がいても、わたしはその者を裁かない。わたしは、世を裁くためではなく、世を救うために来たからである。わたしを拒み、わたしの言葉を受け入れない者に対しては、裁くものがある。わたしの語った言葉が、終わりの日にその者を裁く。なぜなら、**わたしは自分勝手に語ったのではなく、わたしをお遣わしになった父が、わたしの言うべきこと、語るべきことをお命じになった**からである。父の命令は永遠の命であることを、わたしは知っている。だから、わたしが語ることは、父がわたしに命じられたままに語っているのである。』」（ヨハネによる福音書一二章四四～五〇節）

「トマスが言った。『主よ、どこへ行かれるのか、わたしたちには分かりません。どうして、その道を知ることができるでしょうか。』イエスは言われた。『わたしは道であり、真理であり、命である。**わたしを通らなければ、だれも父のもとに行くことができない。あなたがたがわたしを知っているなら、わたしの父をも知ることになる。今から、あなたがたは父を知る。いや、既に父を見ている。**』フィリポが『主よ、わたしたちに御父をお示しください。そうすれば満足できます』と言うと、イエスは言われた。『フィリポ、こんなに長い間一緒にいるのに、わたしが分かっていないのか。**わたしを見た者は、父を見たのだ。**なぜ、「わたしたちに御父をお示しください」と言うのか。**わたしが父の内におり、父がわたしの内におられることを、信じないのか。わたしがあなたがたに言う言葉は、自**

**分から話しているのではない。わたしの内におられる父が、その業を行っておられるのである。わたしが父の内におり、父がわたしの内におられると、**わたしが言うのを信じなさい。もしそれを信じないなら、業そのものによって信じなさい。』」（ヨハネによる福音書一四章五～一一節）

イエスはここで、弟子の一人フィリポに「父なる神をお示しください」と言われ、「わたしを見たものは父を見たのだ」と返しています。そして「わたしが父の内におり、父がわたしの内におられる」とも告げています。

わたしたちは福音書によって、イエスがどういう方なのかを知ることができますし、父なる神がどういう方であるのかを知ることもできるということです。ですからわたしたちは、福音書に描かれているイエスの言葉、イエスの行いに注意しなければなりません。そして、イエスの御姿を、その御性質をしっかりと受け止めなければなりません。

わたくしが京都キリスト召団に通っていた頃、召団の奥田昌道先生は、イエスに難癖を付ける人に対して、「この方（イエス）のどこが問題だというんや！」と言われたのを忘れることができません。

さて、もはや、ユダの裏切りによって逮捕される直前のイエスです。この段階に来ますと、人々に対して語られるというより、父なる神との間の交信のようになっています。

「イエスはこれらのことを話してから、天を仰いで言われた。『**父よ、時が来ました。あなたの子があなたの栄光を現すようになるために、子に栄光を与えてください。あなたは子にすべての人を支配する権能をお与えになりました。そのために、子は、あなたからゆだねられた人すべてに、永遠の命を与えることができるのです。永遠の命とは、唯一のまことの神であられるあなたと、あなたのお遣わしになったイエス・キリストを知ることです。**わたしは、行うようにとあなたが与えてくださった業を成し遂げて、地上であなたの栄光を現しました。父よ、今、御前でわたしに栄光を与えてください。世界が造られる前に、わたしがみもとで持っていたあの栄光を。』」（ヨハネによる福音書一七章一〜五節）

「**父よ、あなたがわたしの内におられ、わたしがあなたの内にいるように**、すべての人を一つにしてください。彼らもわたしたちの内にいるようにしてください。そうすれば、世は、あなたがわたしをお遣わしになったことを、信じるようになります。あなたがくださった栄光を、わたしは彼らに与えました。わたしたちが一つであるように、彼らも一つになるためです。わたしが彼らの内におり、あなたがわたしの内におられるのは、彼らが完全に一つになるためです。こうして、あなたがわたしをお遣わしになったこと、また、わたしを愛しておられたように、彼らをも愛しておられたことを、世が知るようになります。父よ、わたしに与えてくださった人々を、わたしのいる所に、共におらせてください。それは、**天地創造の前からわたしを愛して、与えてくださったわたしの栄光を、彼らに見せる**ためです。正しい父よ、世はあなたを知りませんが、**わたしはあなたを知っており、この人々はあなたがわたしを遣わされたことを知っています。**わたしは御名を彼らに知らせました。また、これからも知らせます。わたしに対するあなたの愛が彼らの内にあり、わたしも彼らの内にいるようになるためです。』」（ヨハネによる福音書一七章二一〜二六節）

　これらのイエスのお言葉はある人たちにとっては〝ちんぷんかんぷん〟なのではないかと思います。わたくしもかつてはそうでした。

それはこれらのイエスの言葉がこの世の次元ではなく、つまり天とか、神とか呼ばれる次元から出ている言葉だからなのです。わからなさの度合いはそっくりそのまま、あなたのこの世での次元と、天や神と呼ばれる次元との隔たりの度合いということになりましょうか。

しかし、懲りもせずに真剣に聖書とつき合って生きていると、わかるときというのを授けてくださるように思います。

第５章

# 復活がわからない

# 一、朽ちぬ生命

日本人の感覚の中には、死をタブー視して、日常の生活の中で死を避けて通る傾向があります。しかし、「死を望んでこそ、より良い生を得る」ということもあるかと思います。もっとも、「当面、いかに生きるべきか」が問題である若い方には、まだまだ死は実感が伴わないことだろうと思いますが……。

死に関しては、古今東西様々なことがいわれています。

「始めあるものは必ず終わりあり。物の定まれる理《ことわり》なり。一度《ひとたび》は生まれ、一度《ひとたび》は死ぬること、人の常の道なり」（源為憲）

これは、死はいったん生まれ出たものにとっては避けがたい、止むなき定め、ということでしょうか。また次のようにもいわれています。

「生死《しょうじ》、本無《もとむ》なれば、学すともかなふべからず」（一遍）

死に関することは勉強したって始まらない、知識として理解することは無理なこと、要するに、人の手に負えることではない、人の限界を超えたことだから、ということでしょうか。

まったくのところ、生死は隔絶された世界に属しており、互いに行き交うことはできません。生の世界と死の世界は交差することのない別々の世界、これがわたしたちの通常の感覚です。ですから別れを惜しみ、嘆き悲しまざるを得ないのです。

生きた者が死後を語ることはできませんし、「死人に口なし」で、死者が語ってくれることもありません。ですが、「死んだらそれまで」「一巻の終わり」というのでは、わたくしたちは――少なくともわたくしには――死を乗り越えること、克服することはできないように思います。

ですから、できるだけ死から逃げ回って寿命を延ばすことを考え、それでも逃れられない死は恐怖です。それを考えると、憂鬱極まりない心理状態に襲われます。

ところで、イエス・キリストが説いた人のあるべき道では、死はどのように扱われているのでしょうか。まず、第一に言われているのは「死は人の罪の結果である」ということです。

人は本来、つまりエデンの園に置かれていた折（神と人とがあるべき関係に立っていた折）には、死を味わわない者だったというのです。

「主なる神は人を連れて来て、エデンの園に住まわせ、人がそこを耕し、守るようにされた。主なる神は人に命じて言われた。『園のすべての木から取って食べなさい。ただし、善悪の知識の木からは、決して食べてはならない。食べると必ず死んでしまう。』」（創世記二章一五～一七節）

残念ながら、この「神の命令を守らない」という背信の罪を犯した人間は、ここから死というものを自らの身の上に避けがたいものとして招いてしまった、となっています。そして額に汗し、耕しても茨《いばら》がふさぐ地で生きねばならなくなったのです。

「神はアダムに向かって言われた。『お前は女の声に従い、取って食べるなと命じた木から食べた。お前のゆえに、土は呪われるものとなった。お前は生涯食べ物を得ようと苦しむ。お前に対して、土は茨とあざみを生えいでさせる、野の草を食べようとするお前に。お前は顔に汗を流してパンを得る、土に返るときまで。お前がそこから取られた土に。塵にすぎないお前は塵に返る。』」（創世記三章一七〜一九節）

わたくしはここを、神の命に背いた人間（つまり、自分勝手に自己本位で歩む道をとった人間）は非常な苦渋と悲惨をなめた後、土に返る、そのような身の上になったと解釈します。そして人は、そのような歴史を何百年、何千年と重ねたのです。

その結果、誰もがこんな無残な身上から何とか抜け出たい、と心の底から思い、助け主、救い主よ来たれかし、と願う状況になったのは当然の道筋ではないでしょうか。なぜなら、このままではいわば「犬死に」に、「無益に死ななければならない」からです。

生きている間に重ねた苦労、営々と築いたものの一切を振り捨て、それらの役に立たない世界に旅立たねばなりません。無念、無残としか言いようがありません。

このとき、人をそそのかして、神に背かせ、無残な死に追い込んだサタン（蛇）の勝ち誇った笑い声が聞こえてくるようです。それはあたかも「わたしの実力を思い知ったか、わたしの前に屈服した者よ」とでも言っているようです。

むなしさだけが、はかなさだけが残る、そんな無残な死の前に、わたしたちはかくも無力でいるしかないのでしょうか？　そのような無残な状況から救ってくれるメシア待望を背景に現れたのが、イエス・キリストなのです。

「そのとき、エルサレムにシメオンという人がいた。この人は正しい人で信仰があつく、イスラエルの慰められるのを待ち望み、聖霊が彼にとどまっていた。そして、主が遣わすメシアに会うまでは決して死なない、とのお告げを聖霊から受けていた。シメオンが〝霊〟に導かれて神殿の境内に入って来たとき、両親は、幼子（イエス）のために律法の規定どおりにいけにえを献げようとして、（ちょうど幼子）イエスを連れて来た。シメオンは幼子（イエス）を腕に抱き、神をたたえて言った。『主よ、今こそあなたは、お言葉どおり、この僕を安らかに去らせてくださいます。わたしはこの目であなたの救いを見たからです。これは万民のために整えてくださった救いで、異邦人を照らす啓示の光、あなたの民イスラエルの誉れです。』」（ルカによる福音書二章二五～三二節、（　）は筆者加筆）

　このイエスの言動は、実に不思議に満ちていました。

「はっきり言っておく。**わたしの言葉を聞いて、わたしをお遣わしになった方を信じる者は、永遠の命を得、また、裁かれることなく、死から命へと移っている。**はっきり言っておく。死んだ者が神の子の声を聞く時が来る。今やその時である。その声を聞いた者は生きる。**父は、御自分の内に命を持っておられるように、子にも自分の内に命を持つようにしてくださったから**である。また、裁きを行う権能を子にお与えになった。子は人の子だからである。驚いてはならない。**時が来ると、墓の中にいる者は皆、人の子の声を聞き、善を行った者は復活して命を受けるために、**悪を行った者は復活して裁きを受けるために出てくるのだ。」（ヨハネによる福音書五章二四～二九節）

　なんということを言われるのでしょうか！　通常の人の感覚ではとうてい理解することができません。お手上げ！　それが多くの人にとって正直なところでしょう。

　イエスもそのことを承知していました。ですから、何度も「はっきり言っておく」と慎重に念を押された上で、「驚いてはならない」とも言っておられるのです。

このほかにも、

「『はっきり言っておく。わたしの言葉を守るなら、その人は決して**死ぬことがない。**』」（ヨハネによる福音書八章五一節）

「イエスは言われた。『**わたしは復活であり、命である。わたしを信じる者は、死んでも生きる。生きていてわたしを信じる者はだれも、決して死ぬことはない。**このことを信じるか。』マルタは言った。『はい、主よ、あなたが世に来られるはずの神の子、メシアであるとわたしは信じております。』」（ヨハネによる福音書一一章二五〜二七節）

まことに不思議なことが書かれています。「死んでも生きる」と確かに言われているのです。まったくわたしたち常人の感覚ではついていけない言葉です。ついていけないといいますか、信じられないといいますか……ですから、イエスはマルタに念を押されたのです、「あなたはこのことを信じるか」、と。

しかしわたしが願うのは、実にこのような死に方であり、このような生き方なのです。

なぜなら、このとき初めて次のように言えるからです。

**「この朽ちるべきものが朽ちないものを着、この死ぬべきものが死なないものを必ず着ることになります。この朽ちるべきものが朽ちないものを着、この死ぬべきものが死なないものを着るとき、**次のように書かれている言葉が実現するのです。**『死は勝利にのみ込まれた。死よ、お前の勝利はどこにあるのか。死よ、お前のとげはどこにあるのか。』」**（コリントの信徒への手紙一、一五章五三～五五節）

極めつけとも言えるのが、次のイエスの言葉でしょう。

「友人であるあなたがたに言っておく。**体を殺しても、その後、それ以上何もできない者ども（人）を恐れてはならない。」**（ルカによる福音書一二章四節）

うーん……絶句してしまいます。ここには体の生死を超えた世界が開示されています。

体の生死で一喜一憂しているちっぽけなわたしたち……を俯瞰した、壮大な視野、視点があります。
ですからイエス・キリストには死者を生き返らせたりすることができたのですね。なんとわたくしたちの世界と隔たっていることか……。ですからわたくしたちには聖書が難しいのです、わからないのです。
ここで対照的な二つの世界から出た言葉を紹介しましょう。
「不知《しらず》、生まれ死ぬる人、何方《いずかた》より来たりて、何方へか去る」（鴨長明『方丈記』）
「自分がどこから来たのか、そしてどこへ行くのか、わたしは知っているからだ。しかし、あなたたちは、わたしがどこから来てどこへ行くのか、知らない。」（イエスの言葉、ヨハネによる福音書八章一四節後半）
わたくしたちはお金や家、土地などの財産、名誉、業績――この世に有効な一切のもの――を携えずに、それらが通用しない世界にやがては去りゆく身であります。それなのに、あまりにもそれらに執着しすぎてはいないでしょうか？

「『あなたがたは地上に富を積んではならない。そこでは、虫が食ったり、さび付いたりするし、また、盗人が忍び込んで盗み出したりする。富は、天に積みなさい。そこでは、虫が食うことも、さび付くこともなく、また、盗人が忍び込むことも盗み出すこともない。あなたの富のあるところに、あなたの心もあるのだ。』」（マタイによる福音書六章一九～二一節）

「『朽ちる食べ物のためではなく、いつまでもなくならないで、永遠の命に至る食べ物のために働きなさい。これこそ、人の子があなたがたに与える食べ物である。父である神が、人の子を認証されたからである。』」（ヨハネによる福音書六章二七節）

「そして、一同に言われた。『どんな貪欲にも注意を払い、用心しなさい。有り余るほど物を持っていても、人の命は財産によってどうすることもできないからである。』それから、イエスはたとえを話された。『ある金持ちの畑が豊作だった。金持ちは、「どうしよう。作物をしまっておく場所がない」と思い巡らしたが、やがて言った。「こうしよう。

倉を壊して、もっと大きいのを建て、そこに穀物や財産をみなしまい、こう自分に言ってやるのだ。〈さあ、これから先何年も生きていくだけの蓄えができたぞ。ひと休みして、食べたり飲んだりして楽しめ〉と。」しかし神は、『愚かな者よ、今夜、お前の命は取り上げられる。お前が用意した物は、いったいだれのものになるのか』と言われた。自分のために富を積んでも、神の前に豊かにならない者はこのとおりだ。』」（ルカによる福音書一二章一五～二一節）

わたしたちの体の生死を超えて観ておられる神は、真の命～永遠の命につながる生き方をするように勧め、また諭すのです。それこそが体の命をも真に生かす道なのですよ、と言っているようです。

体の命をむなしいもの、空虚なもの、つまりは死せるものにしてはいけない。これこそが「生きていても死んでいる生」と、「死んでも生きている生」の違いなのではないでしょうか。

## 二、もう一つの生と死

さて、みなさんは「死人の復活」などということをどのように受け取られるでしょうか？　参考までに、わたくしの当初の感想としては「とんでもない」「インチキ」「いったい何を言い出すんだろう」「これはちょっと警戒が必要だなぁ」などというものでした。しかし、これがなくてはキリスト教は成立しません。それほど重要な肝心要《かなめ》のところなのです。

復活を記念してお祝いするようになったイースターは、クリスマスに先行したといわれています。そういうわたくしも、今となっては「復活は必然」と思いますし、これがわかれば「イエス・キリスト」も「永遠の命」もおのずとわかってこようというものです。

当初、この復活をそのままテーマに掲げなかったのには理由があります。「復活」としたのでは、初めてこのようなものに触れる人たちには拒否反応を起こし、なかなか受け入れにくいと思われたからです。実際、パウロがギリシャのアテネにおいて死者の復活を持ち出したとき、人々は聞く耳を持たなかったということが書かれています。そのためここでは、できるだけその実態を別の視点から照射し、別の言葉で表現することを心がけたのです。

「死者の復活ということを聞くと、ある者はあざ笑い、ある者は、『それについては、いずれまた聞かせてもらうことにしよう』と言った。」（使徒言行録一七章三二節）

復活の件は当然ながら、すべての福音書に記述されています。その中からルカによる福音書を参考にしようと思います。

「さて、ヨセフという議員がいたが、善良な正しい人で、同僚の決議や行動には同意しなかった。ユダヤ人の町アリマタヤの出身で、神の国を待ち望んでいたのである。この人がピラトのところに行き、イエスの遺体を渡してくれるようにと願い出て、遺体を十字架から降ろして亜麻布《あまぬの》で包み、まだだれも葬られたことのない、岩に掘った墓の中に納めた。その日は準備の日であり、安息日が始まろうとしていた。イエスと一緒にガリラヤから来た婦人たちは、ヨセフの後について行き、墓と、イエスの遺体が納められているありさまとを見届け、家に帰って、香料と香油（死者の葬りのため）を準備した。

婦人たちは、安息日には掟に従って休んだ。

そして、週の初めの日の明け方早く、準備しておいた香料を持って墓に行った。見ると石（封印のために置かれた非常に大きな石）が墓のわきに転がしてあり、中に入っても、主イエスの遺体が見当たらなかった。そのため途方に暮れていると、輝く衣を着た二人の人がそばに現れた。

婦人たちが恐れて地に顔を伏せると、二人は言った。

『なぜ、生きておられる方を死者の中に捜すのか。あの方は、ここにはおられない。復活なさったのだ。まだガリラヤにおられたころ、お話しになったことを思い出しなさい。人の子は必ず、罪人の手に渡され、十字架につけられ、三日目に復活することになっている、と言われたではないか。』そこで、婦人たちはイエスの言葉を思い出した。そして、墓から帰って、十一人とほかの人皆に一部始終を知らせた。それは、マグダラのマリア、ヨハナ、ヤコブの母マリア、そして一緒にいた他の婦人たちであった。婦人たちはこれらのことを使徒たちに話したが、使徒たちは、この話がたわ言のように思われたので、婦人たちを信じなかった。しかし、ペトロは立ち上がって墓へ走り、身をかがめて中をのぞく

と、亜麻布しかなかったので、この出来事に驚きながら家に帰った。」（ルカによる福音書二三章五〇～二四章一二節）

さらにルカの福音書には、この後エマオに行く弟子たちにイエスが現れ、道すがら寄り添って、この一連の出来事について解説した話が続きます。

ところで、ここでは誰もが最初この出来事を「たわ言」として受け取っています。一二弟子の一人トマスなどは「あの方の手に釘の跡を見、この指を釘跡に入れてみなければ、また、この手をそのわき腹に入れてみなければ、わたしは決して信じない。」（ヨハネによる福音書二〇章二五節後半）と申しました。

これにより、弟子たちさえもイエスが復活したという事態を信じられなかったことがわかります。

しかし復活されたイエスは、度々弟子たちの前に現れ、話を交わし、食事も共にされたのです。トマスも、復活されたイエスに、「あなたの指をここに当てて、わたしの手を見なさい。また、あなたの手を伸ばし、わたしのわき腹に入れなさい。信じない者ではなく、信じる者になりなさい。」（ヨハネによる福音書二〇章二七節）と言われ、「トマスは答えて、『わたしの主、わたしの神よ』と言った。」（同二〇章二八節）とあります。

以前にイエスは死後四日を経たラザロをよみがえらせていますが、このようにいったん死んだ者が再びよみがえる、あるいは復活する、というようなことはめったに起こることではありませんから、誰もが疑うのはやむを得ません。ではこれは幻を見たとか幻覚に襲われたとか願望が夢を見させた、というようなことになるのでしょうか。それにしてはあまりに多くの人が目撃し、言葉を交わし、食事を共にしているのです。

なおイエスは、十字架に架けられる前に、御自分の死と復活を三度も予告されています。このことはマタイによる福音書にも、マルコによる福音書にも書かれています。ではそのときの弟子たちの反応はどのようなものだったのでしょうか。

マタイによる福音書によりますと、一回目のときにはペテロは「主よ、とんでもないことです。そんなことがあってはなりません。」（一六章二二節）とイエスをわきへお連れしていさめたとなっています。また二回目には「弟子たちは非常に悲しんだ。」（一七章二三節）とあります。

マルコによる福音書によりますと、「弟子たちはこの言葉が分からなかったが、怖くて尋ねられなかった。」（九章三二節）となっています。しかし、ことはイエスが予言した通りに進んだのです。恐れていたとんでもないことが起こり、弟子たちは非常に悲しむことになったのでした。

さて、イエスはこの御自分の死や復活以外にも、わたくしたちには関知できない世界を開示した言葉を発しています。イエスは、わたくしたち人間の把握できる範囲を超えて言葉を発せられていますので、今日のわたくしたちはもちろんのこと、当時の弟子たちにとっても理解しがたいことは多々あったと思われます。

たとえば、関連していると思われる次の箇所はどうでしょう。

「このために、ユダヤ人たちは、ますますイエスを殺そうとねらうようになった。イエスが安息日を破るだけでなく、神を御自分の父と呼んで、御自身を神と等しい者とされたからである。そこで、イエスは彼らに言われた。

『はっきり言っておく。子は、父のなさることを見なければ、自分からは何事もできない。父がなさることは何でも、子もそのとおりにする。父は子を愛して、御自分のなさることをすべて子に示されるからである。また、これらのことよりも大きな業を子にお示しになって、あなたたちが驚くことになる。すなわち、父が死者を復活させて命をお与えになるように、子も、与えたいと思う者に命を与える。また、父はだれをも裁かず、裁きは一切子に任せておられる。すべての人が、父を敬うように、子をも敬うようになるためである。子を敬わない者は、子をお遣わしになった父をも敬わない。はっきり言っておく。わたしの言葉を聞いて、わたしをお遣わしになった方を信じる者は、永遠の命を得、また、裁かれることなく、死から命へと移っている。はっきり言っておく。死んだ者が神の子の声を聞く時が来る。今やその時である。その声を聞いた者は生きる。父は、御自分の内に命を持っておられるように、子にも自分の内に命を持つようにしてくださったからである。また、裁きを行う権能を子にお与えになった。子は人の子だからである。驚いてはならない。時が来ると、墓の中にいる者は皆、人の子の声を聞き、善を行った者は復活して命を受けるために、悪を行った者は復活して裁きを受けるために出て来るのだ。

わたしは自分では何もできない。ただ、父から聞くままに裁く。わたしの裁きは正しい。わたしは自分の意志ではなく、わたしをお遣わしになった方の御心を行おうとするからである。』」（ヨハネによる福音書五章一八～三〇節）

ここでイエスは度々、「驚く」とか、「はっきり言っておく」という言葉を使っています。このことによって、イエス御自身が「人々が予期しない出来事」と承知した上で、そのことは確かなこととして、はっきり断言していることがわかります。それにしても、このイエスの話されたことのわかりにくさといったらどうでしょう。

同様に、次のように語られたところも挙げておきましょう。長い箇所なのですが、一部だけを取り出させていただきます。

「それで、ユダヤ人たちは、『どうしてこの人は自分の肉を我々に食べさせることができるのか』と、互いに激しく議論し始めた。イエスは言われた。『はっきり言っておく。人の子（イエス、御自分を指す）の肉を食べ、その血を飲まなければ、あなたたちの内に命はない。（中略）わたしの肉を食べ、わたしの血を飲む者は、いつもわたしの内におり、わたしもまたいつもその人の内にいる。生きておられる父がわたしをお遣わしになり、またわたしが父によって生きるように、わたしを食べる者もわたしによって生きる。これは天から降って来たパンである。先祖が食べたのに死んでしまったようなものとは違う。このパンを食べるものは永遠に生きる。』」これらは、イエスがカファルナウムの会堂で教えていたときに話されたことである。

ところで、弟子たちの多くの者はこれを聞いて言った。『実にひどい話だ。だれが、こんな話を聞いていられようか。』イエスは、弟子たちがこのことについてつぶやいているのに気づいて言われた。『あなたがたはこのことにつまずくのか。それでは、人の子がもといた所に上るのを見るならば……。命を与えるのは〝霊〟である。肉は何の役にも立たない。わたしがあなたがたに話した言葉は霊であり、命である。』」（ヨハネによる福音書六章五二～六三節）

この箇所によって、弟子たちもまた、わたくしたちと同じ感慨を持ったということがおわかりでしょう。

では、次の箇所はどうでしょう。

「イエスが、『あなたの兄弟は復活する』と言われると、マルタは、『終わりの日の復活の時に復活することは存じております』と言った。イエスは言われた。『わたしは復活であり、命である。わたしを信じる者は、死んでも生きる。生きていてわたしを信じる者はだれも、決して死ぬことはない。このことを信じるか。』」（ヨハネによる福音書一一章二三

～二六節）

わたしはこれらの箇所によって、イエスの問題とされている〝命〟また〝生と死〟というものが我々のそれとは違うことに気づかされたのです。でなければなんで「死んでも生きる」とか「決して死ぬことはない」などということがあり得ましょう。

それは先の引用である「命を与えるのは〝霊〟である。肉は何の役にも立たない」と言われていることからも察せられるのではないでしょうか。これによってイエスの与えようとしている命、すなわち永遠の命と言われているものが、「朽ちることが宿命である肉体の命ではない」ということに気づかされるのです。

単に肉体を持って動き、語り、食べ、泣き、笑うということが、イエスの言う永遠の命ではないのです。なぜなら、「肉は何の役にも立たない」のですから。わたくしはここに、肉の命とは違った「命」があることを知らされたのです。

それはイエスの別の箇所で言われた「人はパンだけで生きるものではない。神の口から出る一つ一つの言葉で生きる」（マタイによる福音書四章四節、申命記八章三節から引いている）とも呼応するものです。また、「朽ちる食べ物のためでなく、いつまでもなくならないで、永遠の命に至る食べ物のために働きなさい。」（ヨハネによる福音書六章二七節前半）と言われたことも納得できるのです。すなわち、イエスは肉の命などに何の値打ちも見ていないということが言えるのではないでしょうか。

所詮、肉は朽ちてしまうものです。必ず朽ちてしまうものなのです。

我々は少しでも長生きしたいと望みます。まるでそのことが人生の勝敗を決めるが如く。

しかし、イエスはそんなところに人の値打ちを見てはいないのです。肉は所詮滅びてしまうもの、はかなく何の値打ちもないものなのだということです。

では、わたくしたちが肉で生きているということは、何の意味もなく、まったく無駄なことなのでしょうか。わたくしはここに、「わたくしを信じるものは死んでも生きる」「生きていてわたくしを信じるものはだれも、決して死ぬことはない」ということを当てはめたいのです。そしてそれを次のように言い換えたいのです。

「わたくしを信じるものは肉体が朽ちても生きている」し、「肉体を持っていてわたくしを信じるものは肉体が朽ちても生き続けている」と。要するに肉のあるなしにかかわらず、「生きている」という状態があるということを指していると思われます。そしてそれが「本当に生きる」ということなのだということです。

ではそれはいったい、どういう命なのかということになりましょう。

わたくしはそのために、聖書の創世記に立ち返る必要があるように思います。人の始祖が神の言いつけに背いたとき、失ったものは何だったでしょうか。


「主なる神は言われた。『人は我々の一人のように、善悪を知る者となった。今は、手を伸ばして命の木からも取って食べ、永遠に生きる者となるおそれがある。』

主なる神は、彼をエデンの園から追い出し、彼に、自分がそこから取られた土を耕させることにされた。こうしてアダムを追放し、命の木に至る道を守るために、エデンの園の東にケルビムと、きらめく剣の炎を置かれた。」（創世記三章二二〜二四節）

こうして、人の始祖から遠く隔てられたもの、それが「永遠に生きる命」だったのではありませんか。ここにはアダムやイブがたちまち死んで消滅した、とは書かれていません。

「お前は顔に汗を流してパンを得る、土に返るときまで。お前がそこから取られた土に。

塵に過ぎないお前は塵に返る。」（創世記三章一九節）と書かれています。神に背き、神から離れ、自己の裁量で生きることになった人とは、塵に返る肉に過ぎないというのです。それにしても、このことは新約聖書と一貫していることに驚かされます。

神様を父と呼ばれたイエスの言葉の中には、「父は御自身の内に命を持っている」と記されており、「子すなわちイエスにも同じように命を持つようにしてくださった」とあります。そして、わたしをお遣わしになった方を信じるもの、またわたしを信じるものは、死んでも生きる命にあずかることができるというのです。

そしてそのゆえを、イエスは、わたしは自分で何もできない、ただ父の命じられるままに行い、なんでも父のなさる通りにする、自分の意志を行おうとするのではなく、わたしをお遣わしになった方の御心を行うから、というのです。

ここには、父なる神にピッタリ一致して歩むイエスの姿があるではありませんか。人の始祖アダムの、神に離反した姿とは対照的です。そして、いえ、だからこそ、わたしには命があるというのです。イエスはまた、別の箇所で、「わたしは道であり、真理であり、命である。」（ヨハネによる福音書一四章六節）と言われました。

イエスの姿こそ、人の歩むべき道であり、これこそが真の、すなわち本当の死なない命、永遠の命に生きる者の姿であるということでしょう。

これはすなわち、創られた者である人の自己裁量で生きることが、いかにいいかげんで、いかにいびつで、不当、偏見、誤謬に満ちた生き方であるかということなのです。ここに値打ちがないのは当然です。それが一時的なものでしかなく、永遠に固く立ちうるものでないことは自明の理です。

それに対して、神の御旨を体に受けて生きる人は、神の持つ永遠の命につながることができ、一時的な肉の死を超えて、永遠なる命である神の中で、永遠に生き続けるのです。つまり神の霊と共に、永遠にあり続けるのです。彼は死してなお、生きる存在なのです。すなわち、これは、その人の生きざまが問われるもの、いかに生きたかという生の質が問われるものだと思います。つまり、神の御心に生きたのか、あるいは神を蔑ろにして、いいかげんで偏った自分を立て、自分の欲望を遂げることに生きたのか、という問いです。その延長上にある生と死、ということが言えるでしょう。

「人、あらたに生れずば、神の国を見ること能はず」（文語訳、ヨハネ伝福音書三章三節）、イエス・キリストを通して神とつながる新生なくして、真の命に生きることはできません。

イエス・キリストを信じることによって神とのつながりを回復し、死人より復活し、死から生へと移ることができる、と。つまり、神の御性質である永遠の命につながることができるのです。

永遠の生、永遠の命、それは始まって終わるような、そんな一時的な生、また命ではないのです。わたくしは正直に告白しようと思います。「こんな命があるの……、知らなんだ……」

## 三、朽ちるものと朽ちないもの

ヨハネ伝の最初にはキリスト御降誕の次第が先の章の視点から書かれています。

「太初《はじめ》に言霊（※）あり。言霊は神と偕《とも》にあり、言霊は神なりき。この言霊は太初に神と

（※）文語訳、口語訳、新共同訳、新改訳、どの聖書を取ってみても「言《ことば》」と訳されているようである。しかし、わたくしの経験からいうと、この概念の把握は難しかったという思いがある。そこで「言霊」とさせていただいた。小池辰雄先生は「霊言」と言っておられたようである。「ロゴス」とかなを振ってあった聖書もあった。

ともにあり。萬《よろず》の物これに由《よ》りて成り、成りたる物に一つとして之《これ》によらで成りたるはなし。之に生命あり、この生命は人の光なりき。光は暗黒《くらき》に照る、而《しか》して暗黒《くらき》は之を悟らざりき。」（文語訳、一部意訳、ヨハネ伝福音書一章一～五節）

「もろもろの人をてらす真の光ありて、世にきたれり。彼は世にあり、世は彼に由りて成りたるに、世は彼を知らざりき。かれは己の国にきたりしに、己の民は之《これ》を受けざりき。されど之を受けし者、即ちその名を信ぜし者には、神の子となる権をあたへ給へり。斯《かか》る人は血脈《ちすじ》によらず、肉の欲《ねがい》によらず、人の欲《ねがい》によらず、ただ神によりて生れしなり。言霊は肉体となりて我らの中《うち》に宿りたまへり、我らその栄光を見たり、実《げ》に父の独子《ひとりご》の栄光にして、恩恵《めぐみ》と真理《まこと》とにて満てり。」（文語訳、ヨハネ伝福音書一章九～一四節）

「未だ神を見し者なし、ただ父の懐裡《ふところ》にいます独子《ひとりご》の神のみ之を顕《あらわ》し給まへり。」（文語訳、ヨハネ伝福音書一章一八節）

これによって、脈々と続く血筋や肉欲や人の望みによってではなく、神によって生まれる人々があること、イエス・キリストが来られたのには、まず肉体に先立つものがあったことなどを知ることができると思います。

さらに、第三の天にまで引き上げられ、人が口にするのを許されない、言い表し得ない言葉を耳にした（コリントの信徒への手紙二、一二章一～四節を参照）と語ったパウロが、何と言っているのかに当たってみたいと思います。このパウロによって、わたしたちはますます佳境に入れられることになります。

「知らないのですか。あなたがたの体は、神からいただいた聖霊が宿ってくださる神殿であり、あなたがたはもはや自分自身のものではないのです。」（コリントの信徒への手紙一、六章一九節）

また、復活についてパウロは次のように述べています。

「キリストは死者の中から復活した、と宣べ伝えられているのに、あなたがたの中のある者が、死者の復活などない、と言っているのはどういうわけですか。死者の復活がなければば、キリストも復活しなかったはずです。そして、キリストが復活しなかったのなら、わたしたちの宣教は無駄であるし、あなたがたの信仰も無駄です。更に、わたしたちは神の偽証人とさえ見なされます。なぜなら、もし、本当に死者が復活しないなら、復活しなかったはずのキリストを神が復活させたと言って、神に反して証しをしたことになるからです。死者が復活しないのなら、キリストも復活しなかったはずです。そして、キリストが復活しなかったのなら、あなたがたの信仰はむなしく、あなたがたは今もなお罪の中にあることになります。そうだとすると、キリストを信じて眠りについた人々も滅んでしまったわけです。この世の生活でキリストに望みをかけているだけだとすれば、わたしたちはすべての人の中で最も惨めな者です。しかし、実際、キリストは死者の中から復活し、眠りについた人たちの初穂となられました。死が一人の人によって来たのだから、死者の復活も一人の人によって来るのです。つまり、アダムによってすべての人が死ぬことになったように、キリストによってすべての人が生かされることになるのです。ただ、一人一人にそれぞれ順序があります。最初にキリスト、次いで、キリストが来られるときに、キリストに属している人たち、次いで、世の終わりが来ます。そのとき、キリストはすべての支配、すべての権威や勢力を滅ぼし、父である神に国を引き渡されます。」（コリントの信

徒への手紙一、一五章一二～二四節）

「死者の復活もこれと同じです。蒔かれるときは朽ちるものでも、朽ちないものに復活し、蒔かれるときは卑しいものでも、輝かしいものに復活し、蒔かれるときには弱いものでも、力強いものに復活するのです。つまり、自然の命の体が蒔かれて、霊の体が復活するのです。自然の命の体があるのですから、霊の体もあるわけです。『最初の人アダムは命のある生き物となった』と書いてありますが、最後のアダムは命を与える霊となったのです。最初に霊の体があったのではありません。自然の命の体があり、次いで霊の体があるのです。最初の人は土ででき、地に属する者であり、第二の人は天に属する者です。土からできた者たちはすべて、土からできたその人に等しく、天に属する者たちはすべて、天に属するその人に等しいのです。わたしたちは、土からできたその人の似姿となっているように、天に属するその人の似姿にもなるのです。

兄弟たち、わたしはこう言いたいのです。肉と血は神の国を受け継ぐことはできず、朽ちるものが朽ちないものを受け継ぐことはできません。わたしはあなたがたに神秘を告げます。わたしたちは皆、眠りにつくわけではありません。わたしたちは皆、今とは異なる状態に変えられます。最後のラッパが鳴るとともに、たちまち、一瞬のうちにです。ラッパが鳴ると、死者は復活して朽ちない者とされ、わたしたちは変えられます。この朽ちるべきものが朽ちないものを着、この死ぬべきものが死なないものを必ず着ることになります。この朽ちるべきものが朽ちないものを着、この死ぬべきものが死なないものを着るとき、次のように書かれている言葉が実現するのです。

『死は勝利にのみ込まれた。

死よ、お前の勝利はどこにあるのか。

死よ、お前のとげはどこにあるのか。』」（コリントの信徒への手紙一、一五章四二〜五五節）

復活とは、一時的な命としてしか存在できなかったもの、すなわち死を逃れることのできなかったものが、永遠の御存在であられる神の命にあずかることなのではないでしょうか。

それは人の自我という一時的にしか存在できない小我が、永遠的な御存在である神という大我に合流するということでもあるように思います。

## 第6章

# 新生

## 一、古き人を脱ぎ捨て、新しき人を着よ

「だから、以前のような生き方をして情欲に迷わされ、滅びに向かっている古い人を脱ぎ捨て、心の底から新たにされて、神にかたどって造られた新しい人を身に着け、真理に基づいた正しく清い生活を送るようにしなければなりません。」（エフェソの信徒への手紙四章二二～二四節）

「私たちの古い人がキリストと共に十字架につけられたのは、罪のからだが滅びて、私たちがもはやこれからは罪の奴隷でなくなるためであることを、私たちは知っています。」（新改訳、ローマ人への手紙六章六節）

「互いにうそをついてはなりません。古い人をその行いと共に脱ぎ捨て、造り主の姿に倣う新しい人を身に着け、日々新たにされて、真の知識に達するのです。」（コロサイの信徒への手紙三章九～一〇節）

「イエスは答えて言われた『はっきり言っておく。人は新たに生まれなければ、神の国を見ることはできない。』」（ヨハネによる福音書三章三節）

「だから、わたしたちは落胆しません。たとえわたしたちの『外なる人』は衰えていくとしても、わたしたちの『内なる人』は日々新たにされていきます。」（コリントの信徒への手紙二、四章一六節）

「大切なのは、新しく創造されることです。」（ガラテヤの信徒への手紙六章一五節）

人の一生のうちには、何度か新たな踏み出しをしなければならないときがあります。自我が目覚める思春期は、親に刷り込まれた価値観や人生観から離れて、自分の価値観や人生観を築き始めるときです。精神的な自立への旅立ちと言っていいでしょう。

それに対して、経済的な自立を遂げるときもあるはずです。また結婚では様々な面において自立が遂げられているのが理想なのだろうと思います。

ところが、このような折々の当然遂げられているべき刷新が遂げられず、古いまま、次のことをなそうとすると問題が起きたり、うまくいかなかったりすることがあります。たとえば、嫁しゅうとめ問題に代表される、新しい家族と古い家族との関わり方などです。聖書にはこのような状況を、うまく表現したところがあります。

「『新しいぶどう酒を古い革袋に入れる者はいない。そんなことをすれば、革袋は破れ、ぶどう酒は流れ出て、革袋もだめになる。新しいぶどう酒は、新しい革袋に入れるものだ。そうすれば、両方とも長もちする。』」（マタイによる福音書九章一七節）

ところで、聖書では人は生まれ変わるほどの刷新を遂げなければならないものだと言うのです。ここで、新たな旅立ち——キリストの視点における——を取り上げてみたいと思います。わたくしは実のところ突き詰めると、これだけを伝えたいのではないかと思うほどです。

キリスト教は人を新たに生まれなければならない存在、と位置づけています。それは生まれたままの人間というものが罪をまとい、情欲に惑わされて、滅びゆく存在だからだというのです。

人の生きた、行き着く先が滅亡であり、死で終わるものなら、そこに希望はありません。まさに人間というものは絶望的な存在に過ぎない、と言うしかありません。老いゆくとともに憂うつになり、生きた意味はあるのだろうかと呻吟し、自殺したくなる気持ちも、自暴自棄になってしまう気持ちも、わからないではありません。

老いは忌み嫌われ、死は恐れられます。「生きているうちが花」「若さこそが値打ち」なのです。そして実にわたしたちの生きざまはその通りではありませんか?

キリストは実に、このような人のありさまを憐れに思い、同情し、このような状態から救いあげようとするものなのです。だから、パウロはコリント書において「落胆しない」と言っているのです。

しかし実際、このような人生以外にわたしたちにどのような人生があると言うのでしょうか?

「死んだら終わり」、わたしたちがよく口にする言葉です。だから「『食べたり飲んだりしようではないか。どうせ明日は死ぬ身ではないか』」(コリントの信徒への手紙一、一五章三二節後半、イザヤ書二二章一三節後半)となるのです。

まさにその通りです。わたしたちはこのような人生しか知りませんし、わたしたちはこのような人生を生きています。

しかしパウロは「わたしたちの『外なる人』は衰えていくとしても、わたしたちの『内なる人』は日々新たにされていきます。」（コリントの信徒への手紙二、四章一六節）と言っています。外なる人、とはいったい何なのでしょうか？　内なる人、とはこれまた何なのでしょうか？

「さて、あなたがたは、以前は自分の過ちと罪のために死んでいたのです。この世を支配する者、かの空中に勢力を持つ者、すなわち、不従順な者たちの内に今も働く霊に従い、過ちと罪を犯して歩んでいました。わたしたちも皆、こういう者たちの中にいて、以前は肉の欲望の赴くままに生活し、肉や心の欲するままに行動していたのであり、ほかの人々と同じように、生まれながら神の怒りを受けるべき者でした。しかし、憐れみ豊かな神は、わたしたちをこの上なく愛してくださり、その愛によって、罪のために死んでいたわたしたちをキリストと共に生かし、――あなたがたの救われたのは恵みによるのです――キリスト・イエスによって共に復活させ、共に天の王座に着かせてくださいました。こうして、神は、キリスト・イエスにおいてわたしたちにお示しになった慈しみにより、その限りなく豊かな恵みを、来るべき世に現そうとされたのです。事実、あなたがたは、恵みにより、信仰によって救われました。このことは、自らの力によるのではなく、神の賜物です。行いによるのではありません。それは、だれも誇ることがないためなのです。なぜなら、わたしたちは神に造られたものであり、しかも、神が前もって準備してくださった善い業のために、キリスト・イエスにおいて造られたからです。わたしたちは、その善い業を行って歩むのです。」（エフェソの信徒への手紙二章一～一〇節）

この箇所に、その秘訣があるように思われます。わたしたちがその思うままに、欲に操られて、好き勝手に歩む姿は神の怒りを買い、死に値するものであること、しかし神はそれを憐れみ、慈しみ、恵みを施されて、キリスト・イエスによる救済の道を用意されたことがわかります。

そして、次の箇所をご覧ください。

「あなたがたは、以前には暗闇でしたが、今は主に結ばれて、光となっています。光の子として歩みなさい。――光から、あらゆる善意と正義と真実とが生じるのです。――何が主に喜ばれるかを吟味しなさい。実を結ばない暗闇の業に加わらないで、むしろ、それを明るみに出しなさい。」(エフェソの信徒への手紙五章八～一一節)

「すべてのものは光にさらされて、明らかにされます。明らかにされるものはみな、光となるのです。それで、こう言われています。『眠りについている者、起きよ。死者の中から立ち上がれ。そうすれば、キリストはあなたを照らされる。』」(エフェソの信徒への手紙五章一三～一四節)

主と結ばれることによって、闇から光へ、滅びに向かう古い人から、造り主に倣う新しい人へ、衰えゆく外なる人と日々新たにされていく内なる人、そういうことが言えると思います。それは一言で言うなら、ここに死から生への転換があるということです。それは「滅びない生命」です。

このような生命があることを、わたしはかつて知りませんでした。多くのみなさんも同様だろうと思います。それがどのようなものなのか、もっと詳しく知りたいものです。

「キリストは死者の中から復活した、と宣べ伝えられているのに、あなたがたの中のある者が、死者の復活などない、と言っているのはどういうわけですか。」（コリントの信徒への手紙一、一五章一二節）

「死者が復活しないのなら、キリストも復活しなかったはずです。そして、キリストが復活しなかったのなら、あなたがたの信仰はむなしく、あなたがたは今もなお罪の中にあることになります。そうだとすると、キリストを信じて眠りについた人々も滅んでしまったわけです。この世の生活でキリストに望みをかけているだけだとすれば、わたしたちはすべての人の中で最も惨めな者です。しかし、実際、キリストは死者の中から復活し、眠りについた人たちの初穂となられました。死が一人の人によって来たのだから、死者の復活も一人の人によって来るのです。つまり、アダムによってすべての人が死ぬことになったように、キリストによってすべての人が生かされることになるのです。」（コリントの信徒への手紙一、一五章一六～二二節）

「しかし、死者はどのようなふうに復活するのか、どのような体で来るのか、と聞く者がいるかもしれません。愚かな人だ。あなたが蒔くものは、死ななければ命を得ないではありませんか。あなたが蒔くものは、後でできる体ではなく、麦であれ他の穀物であれ、ただの種粒です。神は、御心のままに、それに体を与え、一つ一つの種にそれぞれ体をお与えになります。どの肉も同じ肉だというわけではなく、人間の肉、獣の肉、鳥の肉、魚の肉と、それぞれ違います。また、天上の体と地上の体があります。しかし、天上の体の輝きと地上の体の輝きとは異なっています。太陽の輝き、月の輝き、星の輝きがあって、それぞれ違いますし、星と星との間の輝きにも違いがあります。死者の復活もこれと同じです。蒔かれるときは朽ちるものでも、朽ちないものに復活し、蒔かれるときは卑しいものでも、輝かしいものに復活し、蒔かれるときには弱いものでも、力強いものに復活するのです。つまり、自然の命の体が蒔かれて、霊の体が復活するのです。自然の命の体があるのですから、霊の体もあるわけです。『最初の人アダムは命のある生き物となった』と書いてありますが、最後のアダムは命を与える霊となったのです。最初に霊の体があったのではありません。自然の命の体があり、次いで霊の体があるのです。最初の人は土ででき、地に属する者であり、第二の人は天に属する者です。土からできた者たちはすべて、土からできたその人に等しく、天に属する者たちはすべて、天に属するその人に等しいのです。わたしたちは、土からできたその人の似姿となっているように、天に属するその人の似姿にもなるのです。兄弟たち、わたしはこう言いたいのです。肉と血は神の国を受け継ぐことはできず、朽ちるものが朽ちないものを受け継ぐことはできません。」（コリントの信徒への手紙一、一五章三五～五〇節）

「この朽ちるべきものが朽ちないものを着、この死ぬべきものが死なないものを着るとき、次のように書かれている言葉が実現するのです。『死は勝利にのみ込まれた。死よ、お前の勝利はどこにあるのか。死よ、お前のとげはどこにあるのか。』」（コリントの信徒への手紙一、一五章五四～五五節）

わたしはこれらの文章を書いているとき、よく自問自答します。「これでわかっていただけるだろうか？」と。本書でも、この第6章一、後半以降が特にそうでした。

わたしの書いたものは難しい、硬いと言われる方がいます。しかし、第6章一以降の後半はほとんど聖書から引用しています。わたしが書いたものではありません。

この部分、この内容は生まれてこのかた知らなかったものです。聖書を読んでいて、ここに出会うまで誰も教えてくれませんでした。

考えも、思いもしなかったものです。あなたもそうなのではないでしょうか。

「わたしの思いは、あなたたちの思いと異なり、わたしの道はあなたたちの道と異なると、主は言われる。天が地を高く超えているように、わたしの道は、あなたたちの道を、わたしの思いは、あなたたちの思いを、高く超えている。」（イザヤ書五五章八～九節）

「目が見もせず、耳が聞きもせず、人の心に思い浮かびもしなかったことを、神は御自分を愛する者たちに準備された」（コリントの信徒への手紙一、二章九節）とあるように。

わたしは今まで古い人でしかなかったし、外なる人でしかなかったのだな、と思います。苦労を憂いながら、老いて、死んだら終わり、の命でしかなかったと思います。むなしさと、はかなさとにつきまとわれながら闇の中で労苦し、もがく人生でしかなかった、と。欲を満たし、一時の快楽に慰めを得て歩む人生でしかなかったのです。

しかし、今はそれだけではないことを知らされました。自然の体である古い人の中に、死なない命をいただいて、霊の体を持つ新しい人を形成したいものです。神の似姿に倣って、神の国の住人としての国籍をも取得したいものです。

そのような希望に向かって共に歩み出しませんか？　どうせ明日は死ぬ身ではありませんか……。

## 二、人を成長させるもの

かつて二〇一二年八月六日の広島原爆死没者慰霊式・平和祈念式で、秋葉忠利《ただとし》広島市長（当時）は「忘れられた歴史は繰り返す」と言われました。原爆投下のように大きな出来事でも、わたしたちはやがて忘れてゆくものなら、もっと小さな規模の、地域の、その家の、はたまたその人の過去の出来事が忘れられることは当然なのかもしれません。

ともかくも、いやなことは早く忘れてしまいたいものですし、早く忘れることが人生を、早く前向きにすると言う人もいます。しかしそれは、何の教訓も示唆も与えないようなことに対してであって、大概のものはなんらかの教訓や示唆を残してくれるものです。

忘れないために、ここではこのような範疇に属するもの、たとえば、反省、検証、謙虚、悔い改めといったものについて考えてみようと思います。といいますのも、このようなものの重大さを聖書は繰り返し、畳みかけ、わたしたちに伝えているからです。

「高く、あがめられて、永遠にいまし、
その名を聖と唱えられる方がこう言われる。
わたしは、高く、聖なる所に住み、
**打ち砕かれて、へりくだる霊の人と共にあり、**
**へりくだる霊の人に命を得させ、**
**打ち砕かれた心の人に命を得させる。**」（イザヤ書五七章一五節）

「**わたしが顧みるのは、**
**苦しむ人、霊の砕かれた人、**
**わたしの言葉におののく人。**」（イザヤ書六六章二節後半）

「**主は打ち砕かれた心に近くいまし**

**悔いる霊を救ってくださる。」**（詩編三四編一九節）

「いかに幸いなことでしょう、
背きを赦され、罪を覆っていただいた者は。
いかに幸いなことでしょう、
主にとがを数えられず、心に欺《あざむ》きのない人は。
わたしは黙し続けて、
絶え間ない呻《うめ》きに骨まで朽ち果てました。
御手は昼も夜もわたしの上に重く、
わたしの力は、
夏の日照りにあって衰え果てました。
**わたしは罪をあなたに示し、**
**咎を隠しませんでした。**
わたしは言いました、
**『主にわたしの背きを告白しよう』と。**

**そのとき、あなたはわたしの罪と過ちを、**
**赦してくださいました。**
あなたの慈しみに生きる人は皆、
あなたを見いだしうる間にあなたに祈ります。
大水が溢れ流れるときにも、
その人に及ぶことは決してありません。
あなたはわたしの隠れが。
苦難から守ってくださる方。
救いの喜びをもって、
わたしを囲んでくださる方。
**わたしはあなたを目覚めさせ、**
**行くべき道を教えよう。**
あなたの上に目を注ぎ、勧めを与えよう。」（詩編三二編一～八節）

新約聖書に目を転じてみましても、その視点は変わっていません。主イエス・キリストは「健康な人に医者はいらない、いるのは病人である」と言いました。そこを引用しましょう。

「イエスはお答えになった。『医者を必要とするのは、健康な人ではなく病人である。**わたしが来たのは、正しい人を招くためではなく、罪人を招いて悔い改めさせるためである。**』」（ルカによる福音書五章三一～三二節）

また、次のような例をもって示したこともありました。

「自分は正しい人間だとうぬぼれて、他人を見下している人々に対しても、イエスは次のたとえを話された。『二人の人が祈るために神殿に上った。一人はファリサイ派の人で、もう一人は徴税人だった。ファリサイ派の人は立って、心の中でこのように祈った。「神様、わたしはほかの人たちのように、奪い取る者、不正な者、姦通を犯す者でなく、また、この徴税人のような者でもないことを感謝します。わたしは週に二度断食し、全収入の十分の一を献げています。」

ところが、徴税人は遠くに立って、目を天に上げようともせず、胸を打ちながら言った。［神様、罪人のわたしを憐れんでください。］言っておくが、義とされて家に帰ったのは、この人であって、あのファリサイ派の人ではない。**だれでも高ぶる者は低くされ、へりくだる者は高められる。**』」（ルカによる福音書一八章九〜一四節）

このように打ち砕かれた心、へりくだる霊、過ちを告白する行為こそ、主に尊ばれ、喜ばれるものなのです。悔い改めは賢さの一つ、いえ、大いなる賢さと言えるでしょう。しかし、「このことのなんと難しいことか！」ということに思い至るとき、かえって人の罪深さに、憐れささえ感じます。

人はいかに自分を正当化したがる者なのでしょうか。そしてとかく、他人のせい、社会のせい、世の中のせいなどに責任を転嫁してしまうのです、身勝手に。

わたしはこれこそが、人がもって生まれた罪であり、自分本位であり、人にしか過ぎない自分が、神の座に居座って、その観点からものを見ている姿だと思うのです。それはすなわち、神に関知せず、神を蔑ろにしている証拠でもあります。

自分の中の主《あるじ》という席に、自我が居座る限り、人は己を押し遣《や》って自己を見つめ直す虚心の境地を獲得することはできません。そういう内的構造になっているのです。

そしてなんでも自分の都合のために、一番よいようにしてしまう利己主義者なのです。この観点から解放されない限り、世の中でも、一人の人の中でも、歪みやひずみは自然に生じるのです。

神が創造された世界、そこを貫く法を無視して、ちっぽけな裁量による利己主義という己の法を貫こうとしても、そこにはおかしな偏りやひずみ、歪みが出てきます。伝道者は「神を畏れ敬うこと、これは人の本分です」と最後に結論づけています。

「事の帰する所は、すべて言われた。すなわち、神を恐れ、その命令を守れ。これはすべての人の本分である。」（口語訳、伝道の書一二章一三節、新共同訳聖書では「コヘレトの言葉」一二章一三節）

人はあくまで造られたものであって、創造者ではありません。この世界、この世の主人ではありません。

世界の原初に立ち会っているわけでもなく、人類の登場でさえ、宇宙の歴史から見てみると最近のことに過ぎません。人の齢《よわい》はたかだか八〇年、長くても一二〇年です。そのような者がどうしてこの広い宇宙世界の主《ぬし》などであり得ましょう。

したがって、この世の主《あるじ》を主《あるじ》として畏れ敬うことは、人それぞれを人として、あるべき位置に正当にしつらえることなのです。

そうして得られる、自我を離れた、謙虚の境地を得ることによって、人は初めて自分を、自分たちのしたことを第三者になって、検証することができるのだと思います。この境地があると、パウロの言われたように古き人を脱ぎ捨て、新しい人を着ることも、日々新しく生まれ変わる人として、成長を遂げることも、可能になるのです。

「だから、以前のような生き方をして情欲に迷わされ、滅びに向かっている古い人を脱ぎ捨て、心の底から新たにされて、神にかたどって造られた新しい人を身に着け、真理に基づいた正しく清い生活を送るようにしなければなりません。」（エフェソの信徒への手紙四章二二〜二四節）

「あなたがたも、以前このようなことの中にいたときには、それに従って歩んでいました。今は、そのすべてを、すなわち、怒り、憤り、悪意、そしり、口から出る恥ずべき言葉を捨てなさい。互いにうそをついてはなりません。古い人をその行いと共に脱ぎ捨て、造り主の姿に倣う新しい人を身に着け、日々新たにされて、真の知識に達するのです。」

（コロサイの信徒への手紙三章七〜一〇節）

## 三、無意識を意識し、無自覚を自覚する

振り返ってみますと、わたくしはここまで、〝人〟というものが生まれながらのままでは、どんなに罪深いもの（聖書の言葉による）であるか、ということを、一所懸命伝えようとしてきたように思います。それはまた、罪というものの内実、自己中心的で偏った見地、自分を頂点に据えたい世界観、他人が対等な人として視野の中に入っていない、つまり他人を顧みられない心の構造などを一所懸命に伝えることでもあったという気がしています。

それは言われる方、聞かねばならない方にとって、決して愉快ではない体験だろうことも承知しています。しかし、これはどうしても避けることのできない経過なのです。

これがわからなければ、キリスト教はわかりません。そのことをわたくしははっきり断言できます。

キリスト教はキリストが罪のために悲惨な状況に置かれている人たちに、その悲惨な状況から救ってくださる（脱出させてくださる）ために来てくださった、ということ（これを福音――よき訪れという）を伝えてくれるものだからです。

ですが、罪による悲惨な状況に、まったく心当たりがなければ、それはわかりませんし、ありがたいとも思えません。ですから、それはまた、罪と表現される内実がどのようなものなのかがわかれば、救い・福音・恵みがわかったも同然と言えるのです。そして、そのためには、人に無意識の事態を意識させ、人に無自覚の事態を自覚させることなのだと思うのです。

それはあたかも闇の中で、よくわからないままにうごめいているところに、光が射し込むようなものではないでしょうか？　闇の中にあるものは決して自分の姿を知ることができません。それは宿命のようなものです。闇に射し込む光が、闇を、また闇に住んでいることを知らせることができるのです。いみじくも聖書に次のように言われているところなのです。

「闇の中を歩む民は、大いなる光を見、
死の陰の地に住む者の上に、光が輝いた。」（イザヤ書九章一節）

「起きよ、光を放て。
あなたを照らす光は昇り、
主の栄光はあなたの上に輝く。
見よ、闇は地を覆い、
暗黒が国々を包んでいる。
しかし、あなたの上には主が輝き出《い》で、
主の栄光があなたの上に現れる。」（イザヤ書六〇章一〜二節）

「人」というものが、造られた者であることを忘れ、造られた方を顧みず、自分が主人公になって、我がもの顔に、したい放題に振る舞っているのです。その姿が間違っている、つまり、「罪人」になっている、ということです。

なぜなら、そういう人は自分がこの世の主《あるじ》であるようなものの観方や振る舞いしかできないからです。それはまた、自分で自分の存在価値を見い出さなければならないということでもあります。

そうするには絶えず自分が価値ある者であることを実感していなければなりません。そして他に自分は優れている者だ、自分は価値ある者だということを感じさせ、誇示しなければならないということになります。

それは絶えず、他と比べ、挑み合い、競い合い、相争うところとなります。こうして人間同士は敵対し、憎み合い、生命を削《けず》り合う関係となるのです。そこでは絶えず不安を煽《あお》られ、緊張を強いられ、猛々《たけだけ》しい獰猛《どうもう》さを必要とするでしょう。

また、一人の人間が自己中心で観る世の中は、公平ではなく、歪み、偏ったもの、つまりいいかげんなものでしかありません。それはこの世というものが、本来、人が主人公の世界ではないからです。

一人の人が関知できる領域など、いかほどのものでありましょう。だからこそ、創造者から「人を裁くな」（マタイによる福音書七章一節の中、ルカによる福音書六章三七節の中）という戒めがあるのではないでしょうか。

「人は失われた羊にたとえられる」のところで申しましたように、自分の周囲だけ、それもボーッと把握できるくらいのものなのです。

所詮、一つあるいは一人のことをめぐってさえ、本当のことなどなかなか知ることができません。また自分の都合（打算）を後回しにしたり、偏って観ないということなども、たやすくできることではありません。

こういう人の世界は、自分を最も尊重し、大切にすることになり、他人を顧みる余裕などありません。したがって、こういう人たちの世界には「キリスト教で言っている愛」はありません。

その行動はすごく身勝手で、自分のためになること、自分が得をすること、つまり自分が富み、優位に立ち、自分を誇るところに向かいます。そのためには他人を利用し、他人を追い落とし、だまし、搾取していく道を採ります。その人たちの振る舞いは次のような特質を持っています。

自分の主張だけがあって、聞く耳がない。

自分の言いたいことだけを言い、自分の聞きたいことだけを聞き、自分のしたいことだけをしようとする。

良いものは他人のものでも自分のものにするが、悪いものは自分のものでも他人のものにする。

他人のことは知りたがるが、自分のことは明かさない。

他人の手は借りるが、自分の手は貸さない。

自分の相談には乗ってもらうが、他人の相談には乗らない。

他人に助けてもらうが、他人は助けない。

良いものを他人から自分は与えてもらうが、自分は他人に与えない。

自分の都合で、嘘をついたり、だましたり、ごまかしたりする。

他人の不幸を喜び、他人の悲しみを楽しむ。

自分を誇り、他人を見下し、虐げる。


それらはすべて、自分のために富を積むこと、自分を優位（できれば最高位――王とも、神とも見なされること）に置くことを目的とするものなのです。

このような振る舞いをする人々の群れがいる世界が、嘘、だまし、争い、追い落とし、策略、虐げ、殺人、ねたみ、不安、心配、恐れ、悲惨に満ちたものになることは、容易に想像できると思います。

そこに、正義は存在しません。そこに公平さは存在しません。そこに平安はありません。そこに他人を思いやる愛は存在しません。そこは神の国ではありません。

しかし人はこうした自分の姿を、自分だけでは知ることができません。ですから、このような闇の法則に操られていることを知らないままに、それに操られて、無我夢中で生きているといったところなのです。つまり、そのことを無自覚なままに生きているのです。

少し話が逸れますが、キリスト教や聖書のわからなさの度合いは、この無自覚さの度合いであるとも言えるでしょう。それはあたかもイエスが「お前たちはこうだ、ああだ」と指摘したとき、反発されたり、理解されなかったりしたのと同じなのです。

しかし、受け入れる人々もいました。そういう人たちは、この世の不公平や悲惨をなめさせられ、生きにくさというものに行き当たっていた、キリストに言わせると「病人」だったのです。そしてイエスの指摘を素直に受け入れる謙虚さというものをも、持ち合わせていた人です。

「その後、イエスは出て行って、レビという徴税人が収税所に座っているのを見て、『わたしに従いなさい』と言われた。彼は何もかも捨てて立ち上がり、イエスに従った。そして、自分の家でイエスのために盛大な宴会を催した。そこには徴税人やほかの人々が大勢いて、一緒に席に着いていた。ファリサイ派の人々やその派の律法学者たちはつぶやいて、イエスの弟子たちに言った。『なぜ、あなたたちは、徴税人や罪人などと一緒に飲んだり食べたりするのか。』イエスはお答えになった。『医者を必要とするのは、健康な人ではなく、病人である。わたしが来たのは、正しい人を招くためではなく、罪人を招いて悔い改めさせるためである。』」（ルカによる福音書五章二七〜三二節）

当時、ローマ帝国下にあったイスラエルにおいて、徴税人はローマ帝国の手先として嫌われ、まともに相手にされなかったという事情があります。このようなほころびに落ちている人々――適応、順応することができなかった人々、また社会や人々に受け入れてもらえなかった人々――にとってはイエス・キリストの言葉は慕《した》わしく、慰め、希望に満ちたものであったことでしょう。

一方、その時々の世の中によく順応していた人々、裕福で、良い地位にあり、生を享受していられた人々には、イエスの言《ことば》は閉ざされたままの門だったのです。

「イエスは弟子たちに言われた。『はっきり言っておく。金持ちが天の国に入るのは難しい。』」（マタイによる福音書一九章二三節、マルコによる福音書一〇章二三～二五節、ルカによる福音書一八章二四節）

しかし、ほころびから射し込まれた神からの光は段々とこの世界を照らし、人々を浮かび上がらせ、その姿、実態を知らせたのです。こうして人々はその闇から解かれ、光へと移されていったのです。

「あなたがたは、以前には暗闇でしたが、今は主に結ばれて、光となっています。光の子として歩みなさい。――光から、あらゆる善意と正義と真実が生じるのです。――何が主に喜ばれるかを吟味しなさい。実を結ばない暗闇の業に加わらないで、むしろ、それを明るみに出しなさい。彼らがひそかに行っているのは、口にするのも恥ずかしいことなのです。しかし、すべてのものは光にさらされて、明らかにされます。明らかにされるものはみな、光となるのです。それで、こう言われています。『眠りについているもの、起きよ。死者の中から立ち上がれ。そうすれば、キリストはあなたを照らされる。』」（エフェソの信徒への手紙五章八～一四節）

それは、気づかなかったことに気づかされる、自覚していなかったことを自覚させられる、無意識であったことを意識させられるということなのではないでしょうか。

しかし、人に気づけなかったことを気づかせ、人には見ることのできないものを見させることがいったい誰にできるでしょうか。

「わたしの愛する兄弟たち、思い違いをしてはいけません。良い贈り物、完全な賜物はみな、上から、光の源である御父から来るのです。」（ヤコブの手紙一章一六～一七節前半）

もしもあなたが今少しでも聖書がわかり、キリストやパウロなど弟子たちの言うところに共感し、同意することができるというなら、それはそういうものがあなたのところにすでに来ているということにはならないでしょうか。

「イエスは再び言われた。『わたしは世の光である。わたしに従う者は暗闇の中を歩かず、命の光を持つ。』」（ヨハネによる福音書八章一二節）

## 四、新生

さて、罪の自覚を得、それが悔い改めにつながり、救い主に、より頼むまでに至れば（イエスをキリストと告白できれば）、いよいよ新生の道を歩み出すことになります。それは、今まで自分は気づいていなかったかもしれないけれども、実はそれによって動かされていたところのかつての法則（パウロはこれを、罪の法則とか死の法則、あるいは罪と死の法則、と呼んだ）、自己本位、つまり己を過信し、一番価値あるものとして振る舞う生き方から解かれることです。

己を一番価値あるものとして振る舞う生き方をもう少し説明すると、他と競い、他を蔑ろにし、虐げ、犠牲にして、自分の目的（欲望）の充足を遂げる生き方をすることであり、これは実は、他を疎んじ、憎んでいる姿、他と敵対している姿にほかならないのです。そして、富を築く、権力を手に入れる、名誉を得る、勝ち誇って他を見下す、己を誇る、つまり偽りの神となっている姿なのです。

そこから、この世の一切を創った神の存在を意識し、自分が創られた人に過ぎないことを自覚し、他のものや他の人を顧みる謙虚さをもって歩む人へと転換することです。

# あとがき

四〇代の頃だったでしょうか。ある方と、態度や考え方のことで言い争いになったことがあります。そのとき、言い合っていた相手の方が「人というのは自分のことはわからんものなんや！」と言ったのです。人はただ、あるがままに、ありたいように振る舞っているだけ、と言いたいようでした。

他に比べられる別のものが存在すれば、自分と比較でき、自分を照らし出すこともできるかもしれません。そのように人間は、人間だけの世界では自分たちの姿がわからないのではないでしょうか。我々は、人間以外の何かほかのものから照らし出されなければ、自分の姿に気づけない存在なのかもしれないと思うのです。

「今さら聖書？」と言われる方があるかもしれません。しかし、もし先が見えず、行く手が暗く、頼りない自分を見い出したとき、人はあれこれと思いを巡らせたり、何かに当たって打開策を講じたりすることでしょう。その中の選択肢の一つに、聖書の教えを入れていただけたらと思うのです。そのためには、根気強く取り組む姿勢が求められるかもしれません。

わたしの若いとき――それは路頭に迷い、生きる希望を見い出せなかったときなのですが――自分を取り巻くカオスの中を、聖書は一つ、二つと明かりをともしていってくれたように思います。

さて、よんどころない事情により、わたしが一九九六年六月～二〇〇六年五月に月一回発行していた、ハンドメイドの三～五ページぐらいのキリスト教に関する月刊紙は終刊し、これをまとめて本にする作業も途中で止まってしまいました。やっと続きに着手できるようなるまでには一回りの年月が過ぎてしまいました。

時代は目まぐるしく変化していきました。電子機器の発達による通信や情報手段の発展はすさまじく、それに伴って社会もまた著しく変化するところとなりました。

硬貨や紙幣というものも、いつまで存在するのやらわからなくなりましたし、コロナウイルスの厄難のもと、働き方まで変わらざるを得ないところとなりました。経済への打撃はすさまじく、いつ立ち直れるか、見通せない状況です。「十年ひと昔」は「五年ひと昔」と言わなければならないほどの変わりようです。

けれども、人をめぐるあり方だけは、一向に変化しているようには見えないのです。

一二年前に書いたまえがきの原稿は大部分、そのままでも通用するものでした。付け加える事件といえば、職場でのひどいパワハラ、公道での身勝手な振る舞い、他人軽視の運転などがあります。また相変わらず、しつけなどという言い訳でごまかされる幼い子供や弱い者への虐待事件も続いています。身勝手な思い込みや恨みによる大量殺人もありました。高齢者を狙った詐欺や強盗はその時々によって手を替え品を替え、今も発生しています。

いつの時代も、このような惨劇・悲劇がなくなることはありません。このような人の在り方の根底には何があるのでしょう。経済問題だけだとは言えないように思うのです。

わたしはときに遠く、ときに近く、ときに太く、ときに細くではありましたが、四五年ほどつき合ってきたキリスト教や聖書から知り得た究極の真理を紹介したいと思ったのです。ただ、わたしは今、一人の主婦に過ぎません。聖書やキリスト教の専門教育を受けたり、神学校を出たわけではありません。

専門家の人たちの中には失笑される方もあるかもしれません。それでも読者もまた様々な人たちがいます。いろいろなアプローチがあってよいものと思います。

なお、御教示・御指導はありがたく頂戴いたします。

**著者プロフィール**

**御多福 安里**（おたふく あんり）

1951年生まれ。主婦。ミッション系大学でキリスト教と出会うも、大学では哲学を専攻。その後、社会生活を営む中で、キリスト教の集会に行くようになり、聖書と取り組む。

聖書を中心とし、具体的な人生体験や見聞から聖書にアプローチすることを主眼としている。

京都キリスト召団出身。


**本当はわかっていないキリスト教**


2021年2月15日　初版第1刷発行

著　者　御多福 安里
発行者　瓜谷 綱延
発行所　株式会社文芸社
〒160-0022　東京都新宿区新宿1-10-1
電話　03-5369-3060（代表）
03-5369-2299（販売）

印刷所　神谷印刷株式会社




ISBN978-4-286-05438-4